Amar
chamado divino,
vocação humana

Simone Pereira

Amar
chamado divino, vocação humana

ILUSTRAÇÕES DO ARTISTA PLÁSTICO
Ivan Alves Pereira

Dados Internacionais de Catalogação na Publicação (CIP)
(Câmara Brasileira do Livro, SP, Brasil)

Pereira, Simone
  Amar : chamado divino, vocação humana / Simone Pereira ; ilustrações do artista plástico Ivan Alves Pereira. – São Paulo : Paulinas, 2008. – (Coleção horizonte)

  Bibliografia
  ISBN 978-85-356-0485-6

  1. Amor – Aspectos religiosos – Cristianismo   2. Deus – Amor   I. Pereira, Ivan Alves.   II. Título.   III. Série.

08-05344   CDD-248.83

Índice para catálogo sistemático:
1. Amor : Aspectos religiosos : Cristianismo   248.83

1ª edição – 2008
1ª reimpressão – 2011

Citações bíblicas: Bíblia Sagrada. Tradução da CNBB, 2ª ed. 2002.

Direção-geral: *Flávia Reginatto*
Editora responsável: *Luzia M. de Oliveira Sena*
Assistente de edição: *Andréia Schweitzer*
Copidesque: *Cirano Dias Pelin*
Coordenação de revisão: *Marina Mendonça*
Revisão: *Jaci Dantas e Ana Cecilia Mari*
Direção de arte: *Irma Cipriani*
Gerente de produção: *Felício Calegaro Neto*
Capa e diagramação: *Telma Custódio*
Ilustrações: *Ivan Alves Pereira*

Nenhuma parte desta obra poderá ser reproduzida ou transmitida por qualquer forma e/ou quaisquer meios (eletrônico ou mecânico, incluindo fotocópia e gravação) ou arquivada em qualquer sistema ou banco de dados sem permissão escrita da Editora. Direitos reservados.

Paulinas
Rua Dona Inácia Uchoa, 62
04110-020 – São Paulo – SP (Brasil)
Tel.: (11) 2125-3500
http://www.paulinas.org.br – editora@paulinas.com.br
Telemarketing e SAC: 0800-7010081
© Pia Sociedade Filhas de São Paulo – São Paulo, 2008

Ao Amor, princípio e fim.

A meu esposo, familiares e amigos,
que me ajudam a crescer no
experimento do amor.

A meus amados filhos, Mariah e André,
tesouros que Deus reservou
para presentear-me na maturidade
de minha vida.

À *Comunidade Católica Abbá Pai*,
que me estimula à vivência do
desafio de amar e me ampara em
minhas fraquezas.

A Samuel Natanel Alves Pereira *in memoriam*,
amado filho que nos espera na
Casa do Pai, nosso *Abbá*.

PREFÁCIO

Um pequeno riacho

O Antigo Testamento apresenta diversos nomes de Deus: Javé, Rei, Senhor, Juiz, Deus dos exércitos etc. Deus mesmo se revelou como: "... o Deus de Abraão, o Deus de Isaac, o Deus de Jacó" (Ex 3,6). Deixou claro, pois, que não é um Deus distante, mas próximo; tão próximo que se relaciona com suas criaturas; tão próximo que as liberta, porque conhece em que situação vivem: "Eu vi a opressão de meu povo no Egito, ouvi o grito de aflição diante dos opressores e tomei conhecimento de seus sofrimentos. Desci para libertá-los das mãos dos egípcios..." (Ex 3,7-8). Quando Moisés lhe perguntou seu nome, ouviu como resposta: "Eu sou aquele que sou" (Ex 3,14).

Na Sagrada Escritura, a revelação de Deus atingiu seu ponto mais alto com Jesus Cristo, que lhe deu um nome carinhoso: Pai, *Abbá*, Paizinho. Era uma novidade sem precedentes em qualquer religião. Segundo Jesus, entre Deus e nós há intimidade, proximidade e afetividade, porque Deus é Pai e nós somos seus filhos e filhas. Jamais, por nós mesmos, poderíamos ter feito essa descoberta: "Ninguém conhece o Pai senão o Filho e aquele a quem o Filho o quiser revelar" (Mt 11,27).

Jesus nos ensinou que a paternidade de Deus não se fundamenta só no fato de ele ser o Criador; é eternamente

Pai em relação a seu Filho unigênito. Jesus, por sua vez, é Filho somente em relação ao Pai (cf. *Catecismo da Igreja Católica*, n. 241). Entre o Pai e o Filho há um eterno intercâmbio de amor a ponto de gerar o Espírito de Amor. Estamos entrando, aqui, na intimidade de Deus, em seu próprio ser, em seu mistério. Nos é dado penetrar nesse mistério — embora, dadas as nossas limitações, não consigamos mais do que chegar perto de sua porta — porque, além de nos aceitar como irmãos e irmãs, Jesus nos acolheu como amigos e, por isso, nos revelou seus segredos: "Já não vos chamo servos, porque o servo não sabe o que faz o seu senhor. Eu vos chamo amigos, porque vos dei a conhecer tudo o que ouvi de meu Pai" (Jo 15,15).

Este livro, de autoria de Simone Pereira, quer nos ajudar a contemplar a intimidade de Deus. Dessa contemplação nascem algumas certezas; destaco duas: é da essência de Deus ser misericordioso; é da essência de um coração tocado pela misericórdia de Deus buscar a santidade — isto é, a imitação de Cristo, o Filho querido de Deus.

Em *Amar: chamado divino, vocação humana* há experiência de vida, há amor, há afeto filial. A autora compara seu livro a um "pequeno riacho desse infinito mistério" do amor de Deus. Sim, é um pequeno riacho, que bem lembra aqueles riachos que atravessam uma chácara ou um jardim. São riachos assim que formam os rios, os lagos e os "mares imensos de amor".

Dom Murilo S. R. Krieger, scj
Arcebispo de Florianópolis

Por que escrever sobre o amor?

... o amor é o termo do conhecimento.

Santo Tomás de Aquino*

De mais a mais, não farei senão uma única coisa:
Começar a contar o que hei de repetir eternamente –
"as misericórdias do Senhor!!!"...

Tentarei, todavia, balbuciar algumas palavras,
embora sinta ser impossível, para a linguagem humana,
reproduzir coisas que o coração mal pode pressentir...

Sei, contudo, que preferis guardar os "segredos do Rei",
enquanto a mim dizeis "ser louvável publicar
as obras do Altíssimo".

Sinto, sobretudo, que minha missão vai começar,
minha missão de fazer amar o Bom Deus
como eu amo, de indicar às almas minha pequena trilha.

O que, porém, me atrai, é unicamente o amor...

Santa Teresinha do Menino Jesus

Quando procurei palavras para responder à pergunta "por que escrever sobre o amor?", fiquei pensando se haveria algo a ser dito fora dele.

Primeiro, fora do amor há o desencontro, pois no amor encontramos e somos encontrados. Nele existimos e reconhecemos o existir de todas as coisas. No amor, somos a moeda achada (cf. Lc 15,8-9), o filho que volta (cf. Lc 15,11-32) e a ovelha resgatada (cf. Lc 15,4-6), pois apenas nele somos descobertos e descobrimos a verdade que nos liberta.

Fora do amor também há trevas. Afinal, o que há fora da luz a não ser as trevas? "Nela estava a vida, e a vida era a luz dos homens. E a luz brilha nas trevas, e as trevas não conseguiram dominá-la" (cf. Jo 1,4).

Fora do amor existe, ainda, a morte em seu sentido mais profundo e definitivo, pois apenas no amor todas as coisas têm vida e, mesmo que mortas, revivem (cf. Jo 11,25). Nele e por ele tudo foi criado, pois toda a criação (cada dia mais conhecida e entendida pela ciência), do micro ao macrocosmo, surge do amor. E mesmo que nos afastemos dele, ele vem ao nosso encontro e para nossa salvação, pois sabe ser ele nosso destino, já que somos destinados à terra da vida, onde a luz e o encontro imperam.

Se fora do amor há morte, trevas e desencontros, qualquer tema referente à salvação da vida, à luz e ao encontro aponta para o amor.

Infelizmente, o Amor e os valores do mundo, depois da corrupção original (cf. Gn 3; 6,1-11), sempre estiveram em pólos opostos, especialmente porque os valores econômicos sempre dominaram a ordem mundial (ditando as regras, as prioridades e os modismos de cada época), e alguns traços inerentes ao domínio do poder econômico, como o acúmulo e a exploração, são opostos às leis do amor (cf. Mt 6,24).

Focando a atualidade, constata-se uma crise moral e ética de repercussão global, que impulsiona, por sua vez, uma grande crise afetiva. Nosso planeta e nosso pequeno nicho social são igualmente corrompidos pela cultura econômica vigente, que promove o *prazer* e o *ter* a qualquer preço e da maneira mais fácil e rápida possível.

Para a obtenção de todo o *ter* e o *prazer* que nos são oferecidos, o individualismo é o caminho apresentado para o sucesso, e no individualismo não cresce o amor, caminho inverso.

O ser humano, atingido pelo pós-modernismo e lapidado no processo econômico hodierno, é transformado em *coisa* ou por ela é preterido. Os processos de inclusão social e de manutenção dos incluídos acabam por ser destroçados. A cultura do consumismo está tão fortemente impregnada em nosso senso comum que a *coisificação* da pessoa em prol dos processos econômicos parece inquestionável. No lucro a qualquer preço, a tecnologia, que deveria estar a serviço do homem, passa a ser usada para colocar o homem a seu serviço e plena efetivação.

Por outro lado, o individualismo atual se pulveriza no *marketing* imposto pela cultura da aparência, e até a obtenção do *ter* se relativiza: se há pouco o *ter* suplantava o *ser*, agora o *parecer ter* suplanta o próprio *ter*. Assim, não é preciso, efetivamente, possuir os atributos e/ou predicados perseguidos, mas basta parecer possuí-los, ou seja, ter a aparência de possuidor. O valor não está mais em possuir propriamente, mas está em, possuindo ou não, aparentar a posse.

Nesse sentido, descarta-se o valor humano e mata-se não apenas sua dignidade, mas sucumbem, simultaneamente, sua consciência ética e sua moral. São tantos *ter* (ou *parecer ter*) e *prazer* para amarmos que não sobra espaço para amarmos o amor. E quando o amor não é amado em primeiro lugar, limitada fica nossa capacidade amorosa, tanto em nossa própria direção quanto na direção da vida e do irmão.

Na conjuntura atual, os que questionam os mitos, metas e meios empregados pelos valores dominantes são considerados retrógrados e opostos a um sistema de descarte humano aparentemente irreversível.

Por isso urge divulgar o amor-verdade e sua proposta de vida, sob pena de morrermos como seres humanos, com a morte da ética, da moral e da afetividade que nos resta.

De qualquer sorte, o amor sabe ser vencedor, como poetiza são Paulo, pois "o amor jamais acabará" (1Cor 13,8).

Ainda que, no âmbito da espiritualidade cristã, o amor seja, evidentemente, a essência, pois, como nos lembra o apóstolo João, ele é o próprio Deus (cf. 1Jo 4,8), quando se fala da sua supremacia não se trata restritamente da percepção mística. O amor transcende até a fé, como nos afirma são Paulo ao redigir aos coríntios (cf. 1Cor 13,2). O amor, então, é para todos: crentes e céticos, cristãos e pagãos. Para todos, o amor é a ponte, é o único caminho que leva à vida plena. O único caminho verdadeiro, visto ser a própria essência da vida. Como diz Thornton Wilder,[1] "existe uma terra da vida e uma terra da morte. A ponte é o amor, a única verdade, a única sobrevivência". Sabemos que, além de ser a ponte, ele é a própria *terra da vida*, pois somente nele há vida plena.

Neste livro, não irei falar sobre as agruras econômicas e sociais modernas. Falarei de amor e de nossa vocação para amar. Todavia, poderíamos falar sobre a supremacia do amor em qualquer área e a qualquer segmento social. O amor é realmente o *caminho* para a humanidade. Ele é nossa salvação. É salvação tanto na perspectiva da religião (que é a mais ampla e profunda) como na da economia, da ecologia, da política etc.

Outrossim, a alma humana — tanto a descrita pela ciência quanto a definida pelos teólogos — somente poderá

---

[1] Thornton Wilder é considerado um autor clássico da literatura americana.

13

ser plenamente entendida na visão ampla que apenas o amor nos oferece.

O amor, realmente, é salvação, e salvação para todos.

No ano em que comecei a escrever este livro, deparei-me com a primeira encíclica do papa Bento XVI, *Deus Caritas Est*,[2] e senti-me apoiada em meu intento. Era como se aquela inspiração que me seduziu, ordenou e motivou desde o início daquele primeiro ano de trabalho, que me fez avançar madrugadas para escrever sobre o amor, estivesse sendo confirmada na voz do nosso Pedro hodierno.

Depois de ler e reler a esplêndida encíclica repetidas vezes, debrucei-me sobre as suas palavras e as saboreei lentamente, destacando as afirmações a seguir (n. 39):

A fé, a esperança e a caridade caminham juntas. A esperança manifesta-se, praticamente, nas virtudes da paciência, que não esmorece no bem, nem sequer diante de um aparente insucesso, e da humildade, que aceita o mistério de Deus e confia nele mesmo na escuridão. A fé mostra-nos o Deus que entregou o seu Filho por nós e, assim, gera em nós a certeza vitoriosa de que isto é mesmo verdade: Deus é amor! Desse modo, ela transforma a nossa impaciência e as nossas dúvidas em esperança segura de que Deus tem o mundo nas suas mãos e que, não obstante todas as trevas, ele vence, como revela de forma esplendorosa o Apocalipse, no final, com as suas imagens impressionantes. A fé, que toma consciência do amor de Deus revelado no coração trespassado de Jesus na cruz, suscita, por sua vez, o amor. Aquele amor divino é a luz — fundamentalmente, a única — que ilumina incessantemente um mundo às

---

[2] *Deus Caritas Est* [*Deus É Amor*]. Carta encíclica do sumo pontífice Bento XVI, em seu primeiro ano de Pontificado, aos bispos, aos presbíteros, aos diáconos, às pessoas consagradas e a todos os fiéis leigos sobre o amor cristão. Anunciada em Roma, junto à Basílica de São Pedro, no dia 25 de dezembro de 2005 — solenidade do Natal do Senhor. São Paulo: Paulinas, 2006. (Col. A voz do papa, n. 189.)

escuras e nos dá a coragem de viver e agir. O amor é possível, e nós somos capazes de o praticar porque criados à imagem de Deus.

Por fim, tocou-me seu pedido final, por intercessão de Nossa Senhora, que resume o maior propósito desta presente obra, até então inacabada: *tornar-nos capazes de verdadeiro amor e de ser fontes de água viva no meio de um mundo sequioso.*

Pensando em minha história de vida, lembro que minhas primeiras reflexões sobre o amor aconteceram, ainda que bem elementares, em minha infância, no seio familiar e religioso, a partir de constatações objetivas, regadas a embasamentos sensoriais, afetivos e lúdicos.

Em minha adolescência, meu experimento do amor e minhas reflexões sobre ele foram acrescidos de um despertar filosófico e racional a respeito do tema, quando comecei a procurar teorizá-lo. Minha impressão era de que o amor era um quebra-cabeça misterioso que me atraía, esperando ser desvendado.

Foi nessa época que tive acesso a livros que transmitiam conhecimento de uma forma mais direta e objetiva do que até então eu havia conhecido. Aos poucos, fui abandonando os romances, os livros de contos, poesias e fábulas, que tanto colaboraram em minha formação humana e cultural infanto-juvenil, e passei a preferir os redigidos de forma dissertativa.

Especialmente depois que ingressei na dita juventude, tais livros de cunho dissertativo passaram a ser uma espécie de *amigo-professor* ou *professor-amigo*. Com esses novos amigos, ao longo da vida, aprendi muitas coisas sobre comunicação social, filosofia, teologia, direito e muito mais.

Até hoje eles são um canal entre o conhecimento e o desejo de saber, especialmente o saber mais sobre a espiritualidade, a vida e a natureza humana.

Entretanto, entre os mais variados temas que já pude degustar por meio da boa leitura, entre o pensar dos mais variados autores, os livros que falaram diretamente sobre o amor estão entre os maiores mestres que já tive, após, é claro, a própria Bíblia, que nos revela, em suma, o conhecimento e o experimento humano a respeito da pessoa do amor: Deus.

O amor, então, desde minha adolescência, foi o tema que mais profundamente tocou meu coração e, quando cheguei à maioridade, já estava completamente convencida de que nada era mais importante do que amar.

Depois que minha vocação de leiga foi discernida e que me descobri inserida em um carisma específico, que é o de *proclamar o amor, a misericórdia do Pai, pela santificação das famílias*, nascido com a *Comunidade Católica Abbá Pai*,[3] o amor passou a ter uma perspectiva muito clara e pontual em minha vida, por estar na raiz de minha vocação pessoal e, literalmente, no carisma da comunidade laical da qual sou vocacionada. Mesmo que já soubesse que o amor está em tudo, que é luz, vida e encontro, que ELE É AQUELE QUE É e apenas ELE É (cf. Ex 3,14), tê-lo tão definido em minha vocação levou-me a persegui-lo com intensidade redobrada.

Hoje, minha definição pessoal nesse sentido é tão clara que todos os projetos que abraço ou são incorporados pelo amor, ou são descartados. Tratar específica e diretamente deste tema e aprofundá-lo nesta obra é, na verdade, a conseqüência de uma opção de vida.

---

[3] A *Comunidade Católica Abbá Pai*, nascida em 1997 e oficializada em 1999, perante a Arquidiocese de Florianópolis, é uma comunidade laical, em regime de aliança, que segue o carisma de *proclamar o amor, a misericórdia do Pai, pela santificação das famílias*, entendendo que o amor misericordioso de Deus deve ser proclamado constantemente e vivenciado, primeiramente, nas relações familiares, da nuclear à universal. A missão da *Abbá Pai* inclui ações de evangelização, formação e voluntariado cristão.

A busca do amor conduziu-me a abraçá-lo em uma pesquisa-discipulado que não tem fim. Especializei-me em procurar desvendá-lo, enquanto tento segui-lo, buscando que minha vida converta-se totalmente para sua direção. Dessa perseguição ao amor nasceu este livro, mais uma tentativa de alcançá-lo.

Além disso, creio que o amor deve ser propagado das mais variadas formas, "oportuna e inoportunamente" (cf. 2Tm 4, 2). Escrever sobre ele é um modo de tentar fazer isto. Atualmente, a cada volta da estrada, sinto-me como aquela adolescente prestes a encaixar as últimas peças do quebra-cabeça. Então, recordo que Paulo já falava aos coríntios que, apesar de ainda vermos confusamente, chegaremos a ver face a face (cf. 1Cor 13,12). Por fim, lembro que a verdadeira visão é muito ampla para ser compreendida nesta vida terrena e está reservada entre as maravilhas que esperam por aqueles que amam a Deus (cf. 1Cor 2,9).

Escrever sobre o amor é tudo isso: uma mistura de legado, em *stricto* e em *latu sensu,* e de vocação pessoal, comunitária e universal; de necessidade e de anseio; de missão e de identidade; de dever e de direito; de esperança e de fé.

Nesse ensino, mais do que falar sobre aquele que nos ama, abordarei a importância de amar como seguimento aos mandamentos do amor: *amar a Deus* (o Amor) *sobre todas as coisas e ao próximo como a si mesmo* (cf. Lc 10,27). E ainda mais: *amar como Cristo nos amou* (cf. Jo 15,12).

Em síntese: amar, amar e amar.

Na viagem que faremos juntos, eu e você, para descobrir *a altura e a largura do amor* (cf. Ef 3,18), não estaremos sós, pois Deus mesmo nos guiará.

Então, venha! Temos muito a percorrer!

O que (ou quem) é o amor?

Ora, a ordem das coisas é tal em si mesma que Deus é, por si mesmo, conhecível e amável, porque ele é essencialmente a própria verdade e bondade, pelas quais as demais coisas são conhecidas e amadas.

Mas o objeto do amor de Deus, que é Deus, ultrapassa o julgamento da razão; por isso, não é medido pela razão, porque a excede.

Santo Tomás de Aquino*

Ó verbo divino, és tu a Águia adorada, a quem amo, és tu que me atrais!

Ó luminoso farol do amor, sei como chegar-me a ti. Descobri o segredo de apossar-me de tua chama.

Compreendi que o amor abrange todas as vocações, alcançando todos os tempos e todos os lugares... numa palavra, é eterno...

Então, no transporte de minha delirante alegria, pus-me a exclamar: Ó Jesus, meu amor, minha vocação, encontrei-a, afinal: minha vocação é o amor!...

Santa Teresinha do Menino Jesus

Inúmeras tentativas de definir o amor acompanham a história humana. Escritores, artistas, filósofos, religiosos e até cientistas emitiram as mais variadas definições. De todas, a mais completa, porém, é a definição de João evangelista: *Deus é amor* (cf. 1Jo 4,8). Nela, mudamos nosso prisma. O amor não é mais um *elemento* subjetivo, imensurável e indescritível. Ele é uma *pessoa*. A pergunta, então, passa a ser esta: *quem é o amor?* Pelo prisma de João, o amor-pessoa é Deus. Para entender de amor, precisamos entender a pessoa do amor revelada na pessoa de Deus. Entre as revelações referentes a Deus, a mais ampla e concreta, sem sombra de dúvida, é a contida em Cristo — o Verbo-amor encarnado. Nele e em sua missão temos a maior revelação do amor já conhecida pela humanidade.

Para que se tenha uma idéia da amplitude dessa revelação, cabe lembrar a expressão dita por Jesus: "Quem me viu, tem visto o Pai" (cf. Jo 14,9). Essa frase de Cristo remete-nos a uma grande revelação existencial: a pessoa de Jesus revela a pessoa de Deus Pai, e não apenas do Pai de Cristo, mas, em Cristo, nosso *Abbá* também. Sendo todos filhos do *Abbá*, somos todos filhos do amor, *que está no céu* (cf. Gl 4,6).

Então, definir o amor é definir nossa própria identidade.

Segundo o mesmo cristianismo, que tem como base primeira as revelações monoteístas advindas da cultura judaica, essa identidade amorosa da raça humana, criada à imagem e semelhança do amor, teria sido corrompida por uma ruptura da criatura com o Criador, num desencontro chamado de pecado original (cf. Gn 3). Nesse sentido, podemos dizer que nossa natureza originalmente amorosa teria como que sido infectada e corrompida em sua expressão virginal.

Esse desvirtuamento parcial de nossa natureza amorosa foi, então, transmitido de geração em geração, o que chamamos de jugo hereditário.

É certo que, mesmo que não tivéssemos sido desvirtuados originalmente em nossa identidade, não seríamos iguais ao amor, mas semelhantes a ele, pois somos feitos à *sua imagem e semelhança* (cf. Gn 1,27). Somos semelhantes e dependentes do amor que nos criou, pois somos a criatura-amor, não o Amor-criador.

Apesar de nossa semelhança e dependência original ao amor terem sido feridas em sua raiz hereditária, ainda permanecemos com nossa identidade de filhos do amor, feitos à sua imagem, porém expressando uma identidade decaída e fragilizada pela corrupção (cf. Gn 3), ou seja, passamos a ser uma imagem e uma semelhança corrompidas e parciais do amor.

Nessa perspectiva, o amor humano é precário como parâmetro no entendimento da pessoa do amor, pois nosso amor é parcial e decaído.

Assim, precárias ficam as definições literárias, artísticas, filosóficas e científicas e todas as que limitam o entendimento e a potencialidade do amor aos percebidos pela consciência humana atual. Também se perdem as definições que na esfera religiosa restringem o entendimento do amor a conceitos anteriores ou independentes da pessoa de Cristo.

Os cristãos, ao lidarem com o Antigo Testamento e ao se fundamentarem nele, têm de sempre trazê-lo à compreensão ampliada da Boa-Nova cristã.

Em resumo, para entendermos a versão original de nossa imagem e semelhança amorosa e a pessoa do próprio amor, temos de remeter-nos à pessoa de Cristo. Sendo ele verdadeiramente Deus e verdadeiramente homem, nele temos a revelação do próprio amor, pois ele revela e reflete o Pai, a matriz-amor, e nele encontramos o homem perfeito, quer dizer, a semelhança perfeita para a qual fomos predestinados.

Aqui, entramos em um mistério. O mistério do Verbo-amor encarnado (cf. Gn 1,27), através do qual manifesta-se a expressão incorruptível da *matriz* e a da *semelhança*, ambas amorosas. O amor-Deus total e o amor humano à sua imagem e semelhança perfeita se encontram na pessoa de Cristo. Jesus, essa pessoa perfeitamente amorosa, está inserido em uma realidade trinitária: a Trindade Divina — Pai, Filho e Espírito Santo.

A Trindade, por um lado, é um mistério a ser acolhido, mas, por outro, sua essência trina — Pai, Filho e Espírito Santo — expande nosso entendimento sobre o amor. Saber que o amor é trino é saber que a pessoa do amor não se realiza sozinha e isoladamente. Em sua pessoalidade, o amor é relacionamento. Relacionamento impregnado em toda a Criação, feita pelo amor para ser comunidade. Nesse prisma, entendemos o apelo por unidade total — entre nós e com Deus — deixado por Jesus nas últimas orientações dadas a seus discípulos antes de seu martírio (cf. Jo 17,21).

O amor, sendo trino, é, em sua matriz, família, ou seja, é relacionamento, e familiar é a criatura humana. Criados para sermos família (cf. Gn 2,18-25), em Cristo somos verdadeiramente filhos, inseridos em uma grande família humana, de igual paternidade divina. Nascemos em uma família biológica e reproduzimos essa experiência primeira nas demais formas de relacionamento firmadas durante toda a vida. Sabemos que repensar essas raízes e redimensionar nossas experiências e conceitos familiares é uma das grandes possibilidades de alterarmos nossos relacionamentos presentes e futuros.

O amor-relacionamento, então, é a essência da criação humana e a identidade perdida que urge ser resgatada.

Caminhar na direção do amor é caminhar *de volta para casa*. Nosso lar é o amor, de onde viemos e para onde precisamos voltar.

Caminhar na direção do amor é caminhar de volta para casa. Nosso lar é o amor, de onde viemos e para onde precisamos voltar.

Então, venha, temos muito pela frente! Direcione suas velas e navegue comigo nas águas infinitas do amor.

Os níveis de aprofundamento no amor

Ora, o amor de Deus é o fim ao qual
o amor do próximo se ordena.

Santo Tomás de Aquino*

Ciência do amor, oh! sim, tal palavra ressoa,
suavemente, ao ouvido de minha alma.
Não desejo outra ciência senão esta.

Há tantos horizontes diferentes, há tantos matizes em
escala infinita, que só a paleta do Celestial Pintor poderá,
após a noite desta vida, fornecer-me cores
adequadas para pintar as maravilhas
que se descortinam aos olhos de minha alma.

Foi um ósculo de amor.
Sentia-me amada,
e de minha parte dizia:
"Amo-vos, entrego-me a vós para sempre".

Só a caridade pode dilatar o coração.

Santa Teresinha do Menino Jesus

Em sua belíssima Primeira Carta aos Coríntios, o apóstolo Paulo define como é o amor na perspectiva de seus frutos (cf. 1Cor 13,4-7): paciente; bondoso; não tem inveja, orgulho e arrogância; não é escandaloso; não busca seus próprios interesses; não guarda rancor; não se alegra com a injustiça, mas rejubila-se com a verdade; tudo desculpa, crê, espera e suporta. Também, por isso, jamais acabará (cf. 1Cor 13,8a).

Quando Paulo relata as características do amor, ele está definindo a pessoa de Deus e a proposta de Deus para nossas vidas, já que somos criados à *sua imagem e semelhança* (cf. Gn 1,27).

Todavia, resta a pergunta: por qual caminho chegamos a ter o proceder do amor? Jesus é a porta (cf. Jo 10,7). É o caminho (cf. Jo 14,6). Então, quais as características básicas da pessoa do amor reveladas na pessoa de Jesus, o Verbo-amor encarnado?

Nesta etapa de nossa busca, convido você a percorrer os níveis de aprofundamento no amor, para que, compreendendo suas bases, possamos imitá-lo e, assim, chegar a seus frutos.

Antes de navegarmos por essas águas, porém, é preciso que nos coloquemos com o coração e com a razão diante da supremacia do amor. Nada do que será dito ou refletido a partir de agora poderá germinar em um coração resistente. Lembro este convite: *hoje, se ouvirdes a sua voz, não endureçais o coração* (cf. Sl 95). Estendo o apelo também à nossa razão, tão impregnada de valores contrários ao evangelho do Amor, à Boa-Nova da salvação da humanidade, revelada pelo próprio Pai de amor (nosso Criador) no Verbo-amor encarnado (nosso Salvador), e recordada pelo Espírito do amor (nosso Consolador).

Diante do amor sempre estamos, mas, ao nos colocarmos assim conscientemente, abrimos nosso entendimento a Deus, e essa perspectiva altera-nos profundamente. Colocarmo-nos diante de sua supremacia é aceitá-lo como *caminho, verdade e vida* (cf. Jo 14,6). Tal é a abertura que nos cabe, o resto é obra do próprio Senhor, que se derrama sobre nossa miséria para santificá-la.

A vivência do verbo amar passa por um mergulho de aprofundamento no próprio amor, que nos conduz às características da pessoa de Jesus Cristo. Viver o amor implica, assim, o enfrentamento de desafios de complexidades distintas, que nos chamam a níveis de respostas diferentes, as quais nos levam a um aprofundamento constante.

Quando penso nos níveis de aprofundamento no amor, imagino-os graficamente dispostos em uma espiral, do centro para o infinito, nesta ordem: gratidão, piedade, compaixão e misericórdia. Esta última é aberta ao infinito, pois infinito é o tamanho da misericórdia e a largura do próprio amor.

Na dinâmica que percebemos ser própria do amor, os níveis dessa espiral devem ser interligados e interdependentes. Apesar de serem níveis de aprendizagem, não há hierarquia entre suas etapas. O que há no amor é uma interligação e uma interdependência constantes entre suas próprias características e reações. Os níveis não são degraus nem etapas a serem superadas, pois estamos sempre indo e retornando ao infinito, aprofundando em cada movimento um ponto da espiral e todos os pontos em cada um. Os níveis, assim, não são ultrapassados e eliminados, mas incluídos uns nos outros. A seqüência existente não se refere a etapas, mas a graus de exigência na arte de amar. Em outras palavras: podemos dizer, por exemplo, que, em tese, é mais fácil ser grato do que ser misericordioso.

Assim, os níveis de aprofundamento no amor são reações amorosas diante de situações e condições específicas. Como são interdependentes, quanto mais eu cresço em gratidão mais cresço em piedade, compaixão e misericórdia. Da mesma forma, quanto mais eu cresço em compaixão, mais eu cresço nos demais níveis. E as outras direções também são verdadeiras.

Em todos os níveis aqui dispostos, porém, a seqüência dos movimentos é a mesma mostrada por Deus em sua confissão a Moisés no episódio da sarça ardente (cf. Ex 3,7-8): ver, ouvir, conhecer e descer. Assim como fez o Pai, temos de descer para livrarmos — a nós e aos outros — e para irmos, em última instância, à *terra fértil e espaçosa, que mana leite e mel* (cf. Ex 3,8). Somente o amor pode levar-nos a esta *terra da vida,* que, em última instância, é ele próprio. Assim, desde a gratidão até a misericórdia, somos chamados a fazer essa trajetória pelo amor, para, então, encontrá-lo, pois ele nos conduz a si.

Cabe destacar, porém, que, salvo a gratidão, que claramente se distingue por sua expressão peculiar de reconhecimento, obediência e fidelidade, os demais níveis (piedade, compaixão e misericórdia), aqui separados propositalmente, com vista a uma abordagem mais minuciosa e pedagógica, são expressões utilizadas muitas vezes, no Novo e no Antigo Testamento, como tendo sentido similar. Pode-se verificar, por exemplo, que a mesma passagem da Sagrada Escritura que traz a palavra piedade em uma edição, em outra tradução apresenta a palavra compaixão, como é o caso da passagem dos cegos à beira do caminho (cf. Mt 20,29-33).

Todavia, além dos aspectos pedagógicos, separei piedade, compaixão e misericórdia neste ensino numa abordagem mais detalhada, para podermos diferenciá-las, a fim de entendermos melhor o amor e seus movimentos diante das diferentes realidades da vida e dos diversos desafios que, para amar, enfrentamos. De uma maneira sintética, fixamos o ponto central da piedade na pertença, enquanto na compaixão centramos o padecimento e, na misericórdia, a miséria.

Tratadas de formas similares ou diferenciadas, essas características do amor sempre iniciarão no ver, ouvir e conhecer e nos remeterão à caridade, ou seja, ao movimento amoroso que, por sua vez, sempre será primeiro de descida, ou seja, de humildade, e, por fim, de elevação, pela promoção da pessoa humana.

Somente entenderemos melhor esse caminho de aprofundamento percorrendo-o em sua amplitude, da gratidão à misericórdia.

Icemos mais algumas velas e vamos adiante.

A gratidão

Nós não podemos fazer bem a Deus,
mas podemos honrá-lo, a ele nos submetendo.
E é próprio dele fazer-nos benefícios,
em virtude de seu amor.

Segue-se, então, que fazer o bem a um amigo
é uma conseqüência do ato de amor.

Santo Tomás de Aquino*

Tudo é graça.
Sentia quanto era frágil e imperfeita,
mas a gratidão inundava a minha alma.

Santa Teresinha do Menino Jesus

O ser amoroso é, antes de mais nada, um ser grato. Quando Jesus nos anuncia o primeiro dos dois maiores mandamentos do amor — amar a Deus sobre todas as coisas (cf. Lc 10,27) — traz implícita a gratidão dirigida à Santíssima Trindade. O louvor, a fidelidade e a obediência são umas das respostas que nascem da gratidão. Jesus, nosso modelo, em tudo louvou e foi fiel e obediente ao Pai, "até à morte, e morte de cruz" (Fl 2,8).

Em relação ao próximo, quando Jesus nos exorta à máxima do amor — a misericórdia — amar aos inimigos, ele a compara ao mínimo do amor — amar aos amigos — ou seja, à gratidão, mas em hipótese nenhuma ele descarta esta última. E mais: lembra que a dimensão do amor-mínimo até os pagãos entendem e praticam com facilidade (cf. Mt 5,43-48).

Muitas vezes me pergunto se como cristãos atingimos habitualmente esse nível básico do amor ao amigo, princípio claro até aos pagãos.

Tentando definir o que seja a gratidão, podemos dizer que ela é o reconhecimento da diferença que o outro fez e faz na minha vida.

Nesse sentido, nossa gratidão em relação a Deus deve ser absoluta, afinal ele fez e faz toda a diferença na vida de todos nós, pois tudo o que temos, a começar pelo sopro da vida, não é propriedade nossa, mas graça ofertada gratuitamente por ele.

Nossa gratidão à pessoa de Deus, além de plena, deve ser trina, ou seja, em três dimensões, pois trino é o Senhor.

Primeiramente, devemos gratidão constante ao Pai, nosso *Abbá*, nosso papaizinho querido e bondoso. Dele advêm todas as coisas. Ele criou a humanidade para a vida plena, em santidade e justiça (cf. Gn 1,26-31). Todavia, quando ela o renega, ele se volta para ela e estabelece uma Nova Aliança. Ele nos dá tudo o que tem, ao ponto de entregar-nos seu Filho e, também, seu Espírito.

Devemos gratidão a Jesus, nosso Salvador, caminho, verdade e vida. Ele é o Verbo encarnado que se oferece pela salvação da humanidade. Ele é o cordeiro inocente imolado pelos nossos pecados. Ele é porta que nos leva ao Pai. Seu amor vai ao extremo da cruz, e sua ressurreição nos garantiu a vitória sobre toda a morte e um constante Pentecostes.

Além disso, devemos gratidão ao Espírito Santo, o Consolador, que pairava sobre a terra antes da criação humana e que, na plenitude dos tempos, vindo do Pai, em nome de Jesus, derrama-se sobre nossa miséria para santificar-nos. Ele é o Espírito do amor pelo qual o Pai fez e faz todas as coisas. Ele vem em nosso socorro, sempre em uma nova missão.

A nosso Deus trino devemos louvores e ações de graças constantes (cf. Ef 5,19-20), pois cada segundo de nossa existência e todas as possibilidades de vida, dons, virtudes e a própria salvação que recebemos é presente dele.

Também deve ser absoluta nossa fidelidade e obediência a Deus, porque somente ele É AQUELE QUE É (cf. Ex 3,14), e sendo, é onisciente, onipotente e onipresente, sabedor do melhor caminho para a humanidade e para a vida de cada pessoa, particularmente.

Dessa maneira, podemos dizer que, além de expressar o reconhecimento perante a supremacia divina e, ainda, perante seu imenso amor pelo ser humano por meio do louvor, a verdadeira gratidão a Deus realiza-se na fidelidade aos mandamentos do amor e na obediência à vontade do Senhor para nossas vidas.

Essa gratidão à pessoa de Deus deve estender-se a toda a criação, obra-prima do Criador, muitas vezes desfigurada pela degradação (seja biológica, seja estrutural, seja espiritual), mas que sempre traz os traços originários do amor que a projetou e concretizou.

Esse reconhecimento inicia-se por nossa pessoalidade, ou seja, sermos gratos a Deus por nossa própria existência e pela obra-prima que somos, com as belezas e limitações que trazemos. Não falo em conformismo, alienação ou comodismo. Falo no reconhecimento positivo das maravilhas que trazemos em nossa pessoa. Reconhecer, com gratidão, as virtudes, os talentos e os dons que carregamos e abrir-nos para multiplicá-los é etapa primordial do amor a si mesmo, base do segundo maior mandamento (cf. Lc 10,27).

Com relação ao próximo, cada irmão que conhecemos ou com o qual convivemos traz algo de novo e de bom à nossa vida. Muitas vezes, não percebemos esse diferencial que os demais seres humanos agregam à nossa existência, mas toda pessoa nos acresce algo, e por essa colaboração intrínseca às relações estabelecidas devemos nosso agradecimento. Há, todavia, algumas pessoas perante as quais esse reconhecimento é claramente uma exigência. São pessoas que nos ajudam ou ajudaram em algum momento de nossa vida ou com as quais firmamos certos compromissos e responsabilidades.

Assim, não basta dizermos que somos gratos a Deus, que não vemos, mas devemos sê-lo também a nossos irmãos, que vemos (cf. 1Jo 4,20). Devemos ser gratos a cada pessoa que, com sua vida e pessoalidade, involuntariamente, enriquece a nossa trajetória e percepção do mundo, mesmo que não percebamos esse diferencial; e devemos gratidão especial àqueles que nos auxiliaram ou auxiliam de forma voluntária e àqueles com os quais estabelecemos algum tipo de aliança ou compromisso, ou com os quais temos vínculos de notória responsabilidade.

Também com os mais próximos, os mandamentos do amor apontam atitudes práticas de gratidão, como a fidelidade conjugal e o honrar pai e mãe, por exemplo.

Na realidade, o verdadeiro grato é, primeiro, um encantado com o Criador, com a criação, com cada ser humano, valorizando cada detalhe positivo da vida e o que cada irmão acresce com sua pessoalidade. Além disso, nutre um profundo respeito por Deus, por si e pelo próximo, por isso a máxima da gratidão é a lealdade, ou seja, a coerência entre o reconhecimento que eu professo diante do amigo e minha atitude de consideração à sua pessoa.

Esses três elementos subjetivos (encantamento, valorização e respeito, a Deus, a si e aos irmãos), a pessoa grata converte em palavras e ações.

Por fim, sabemos que todo mandamento de Deus tem três vias: o céu, eu e o outro. Assim, nós e o meio em que vivemos sempre ganhamos ao praticarmos o que o Senhor nos pede. Com a gratidão isso é bem evidente. Ela é remédio para muitos males próprios dos tempos atuais, aproximando-nos da desejada felicidade. Podemos tomar como exemplo o louvor a Deus, uma das respostas de gratidão. A prática do louvor é dirigida ao céu, mas desperta em nós uma abertura extraordinária, tanto para o amor como para a fé e a esperança; por isso, o louvor, como oração e como estado de oração permanente, conduz-nos a uma sintonia positiva e segura perante a vida.

Assim como o louvor é uma resposta de gratidão, no sentido contrário ele é caminho para ela. Quando se louva, mesmo na dor, positiva-se a realidade. Ao entrarmos em sintonia com a gratidão, destacamos as dádivas de cada momento, com toda a criação, valorizando a beleza exposta ou escondida em cada fato e aspecto da vida, em nós mesmos e no irmão.

Para quem ainda não o pratica, sempre recomendo iniciar, introduzindo-o primeiro nos momentos de oração diária, para então integrá-lo como estado de louvor permanente.

Aqui, faço uma pausa para convidar você, a partir de hoje, a intensificar o louvor a Deus em sua vida. Se não tem como hábito permanecer em estado constante de louvor, comece a exercitá-lo nos momentos de oração. Caso já faça momentos diários de oração de louvor, estabeleça para si um estado de louvor permanente. Você perceberá que passará a viver em uma nova sintonia. O resultado é o aumento de sua fé em Deus e de sua satisfação perante a vida, perante si próprio e o outro. Uma otimista e compreensiva forma de olhar a realidade presente. Um novo vigor diante das adversidades. E mais: uma paz que sustenta e uma esperança que encanta o cotidiano. É o início do amor.

No experimento e no testemunho da ação do louvor, tenho reconhecido sua eficácia terapêutica no acompanhamento da cura de muitas almas e na reversão de muitas doenças físicas e emocionais. A conexão com a gratidão auxilia no tratamento de doenças físicas, visto que modifica a postura do doente perante a vida. Há vários estudos relacionando a influência do humor no funcionamento, por exemplo, dos sistemas de defesa e hormonal. No plano emocional, o fato de positivar aspectos do passado, do presente e do futuro contrapõe-se ao desânimo e ao desespero, e também auxilia no tratamento de doenças emocionais, como a depressão.

Para se ter uma idéia, quando o assunto é estresse, os pesquisadores Matthew McKay, Peter D. Rogers e Judith McKay indicam que pensamentos de gratidão perante aspectos simples do cotidiano (um belo pôr-do-sol, o abraço do filho, um sorriso inesperado do chefe etc.), usados com técnicas de relaxamento, são métodos antiestresse eficazes até no combate à raiva, que, segundo os autores, deve ser reeducada, por ter altos custos fisiológicos e interpessoais.[1]

De forma simples, podemos concluir que a gratidão é curativa, porque nela temos o alicerce do caminho do amor.

---

[1] McKAY, Matthew; ROGERS, Peter D.; McKAY, Judith. *Quando a raiva dói: acalmando a tempestade interior*. São Paulo: Summus, 2001.

Quando trocamos nossos pensamentos de preocupação, medo, raiva, gula e desânimo, por exemplo, por pensamentos de gratidão pelas coisas positivas da vida que nos cercam, que temos e somos, entramos em uma sintonia diferenciada e nos conectamos, automaticamente, com o amor. Se pensamentos negativos nos desconectam do amor, pensamentos de gratidão nos devolvem às águas amorosas.

Se apenas intenções de gratidão já alteram nossa sintonia com este ou aquele plano existencial, a prática da gratidão, em ações e gestos, atrai maiores bênçãos no plano físico, emocional e espiritual à criatura destinada ao amor.

No plano existencial, a gratidão é uma gota de amor que jogamos ao céu, à vida, a nós mesmos e aos irmãos. Quando somos gratos, soltamos essas gotas e contagiamos o nosso eu e o universo, promovendo a paz.

Por tudo isso, são Paulo vai aconselhar os colossenses a ser agradecidos (cf. Cl 3,15b).

Se na alegria é importante termos uma postura grata, na dor é fundamental, pois é quando mais precisamos de força para caminhar. Pensando, por exemplo, na oração de louvor, ela abre nosso entendimento para a ação amorosa de Deus e dela extraímos uma força extraordinária, que, conectando-nos com o amor, como já frisamos, traz-nos, por exemplo, a paz e a esperança, e, com elas, especialmente na dor, é possível vencer os obstáculos e continuar a caminhar sem desesperar ou ver azedar nosso coração.

Quando iniciava o sétimo mês de gestação de nosso primeiro filho, Ivano e eu entramos na clínica médica para uma ultra-sonografia de rotina e saímos de lá com a notícia de que nosso bebê estava sem vida. Então, fomos confirmar o resultado em uma maternidade próxima, para onde voltamos horas depois, a fim de internar-me e iniciar a preparação do parto induzido de nosso filho morto, parto que levou trinta horas de espera e contrações.

Naqueles dias, eu e Ivano passamos por uma experiência muito interessante. Antes de entrar para a internação na maternidade, ainda no carro, resolvemos aceitar o que havia acontecido e louvar a Deus por tudo. Durante os três dias em que ficamos naquele estabelecimento, permanecemos em estado de louvor constante. Não entendíamos porque Deus estava permitindo tudo aquilo, mas confiávamos que ele estava cuidando de nós. Nosso louvor abriu portas para a percepção da ação de Deus, que passamos a sentir em inúmeros detalhes. Quanto mais louvávamos, mais percebíamos a presença do Senhor.

Ao darmos entrada na maternidade, fomos informados de que os quartos estavam quase todos lotados e não havia apartamentos disponíveis no padrão do meu plano de saúde (o que já seria uma boa acomodação); então a maternidade ofereceu-nos um com padrão diferente do estipulado pelo meu plano de saúde: em vez de um leito e uma cama para o acompanhante, tinha um leito e *duas camas* de acompanhante. Parece apenas um detalhe, mas para mim foi uma graça enorme, pois pude ter permanentemente a meu lado as duas pessoas que mais queria que me estivessem acompanhando naquela hora de dor e tristeza: meu marido e minha mãe. A presença deles foi, além de necessária, um alento especial.

Minha obstetra, por sua vez, nos três dias em que estive internada, coincidentemente, teve de realizar várias operações naquela maternidade, o que me garantiu a presença física dela junto ao meu leito quase de duas em duas horas. E realmente sua presença foi necessária, especialmente na noite anterior e na posterior ao parto. Na primeira, tive muitas dores e pouca dilatação. Na segunda, sofri grandes quedas de pressão, e as intervenções de minha obstetra foram muito apropriadas. Não apenas isso, sua delicadeza e amabilidade eram um conforto constante.

Foram muitos os detalhes daqueles dias, lembrando sempre que não estávamos sós, mas, para concluir, vou relatar, ainda, a hora em que entramos na sala de cirurgia. Em momentos como esses, a presença das pessoas certas é uma bênção extraordinária. Por graça de Deus, além de Ivano, a médica autorizou a presença de minha tia Inês, que já havia sido do quadro de pessoal daquela maternidade. Além disso, enquanto minha maca era introduzida no recinto, Ivano e eu notamos que uma das enfermeiras estava muito mal-humorada. Imediatamente, ele orou em pensamento, pedindo a Deus que a retirasse dali.

Ainda enquanto orava, uma outra enfermeira, bem doce e amável, entrou na sala e sugeriu à colega que elas trocassem de sala, o que esta última aceitou prontamente. Em alguns minutos, um dos momentos mais marcantes de nossas vidas iria acontecer: receber em nossos braços um filho morto, conhecê-lo, afagá-lo, beijá-lo e entregá-lo para autópsia e enterro, sem ao menos ter conhecido seu sorriso ou seu choro; e, com certeza, pessoas delicadas e amáveis junto a nós naquela hora de dor e despedida era o de que mais precisávamos.

Todavia, naqueles dias nossa gratidão a Deus era parcial, pois resumia-se apenas ao fato de reconhecermos que ele se revelava a nosso favor em nosso calvário. Hoje, nosso entendimento sobre aquela hora é muito maior, e maior é a nossa gratidão ao Pai por sua eterna misericórdia. A perda de nosso primeiro filho, que tem na lápide os dois nomes que selecionamos para escolher após seu nascimento, Samuel Natanael, foi a melhor preparação à maternidade/paternidade que a vida poderia ter-nos proporcionado. Especialmente a mim. A mãe que sou hoje para nossos filhos eu nunca seria sem aquela experiência, que rasgou meu coração e fez dele jorrar a água viva que estava estagnada em meus bloqueios.

No plano existencial, crescemos em três dias o que cresceríamos em trinta anos de vida ordinária. Ganhou nossa missão de evangelização, pois nos tornamos pessoas mais profundas e, conseqüentemente, mais fecundas. Ganharam também os muitos filhos espirituais que o Pai insiste em encaminhar-nos.

Na maioria das situações, nossa falta de fé advém de nossa falta de confiança no amor de Deus por nós, e de que, de tudo, Deus pode retirar um bem maior. E mais: nosso medo da cruz tem como base a perspectiva de que ela é um triste fim, sedimentado numa triste e injusta derrota final. Para quem crê em Jesus Cristo, a cruz nunca é um fim, pois, com o advento do pecado, a cruz, com Cristo, passa a ser fonte de purificação e amadurecimento, caminho para a plenitude da vida.

Voltando à história de Samuel, naqueles dias também pude entender melhor o imenso amor de Deus por todos nós, pois de tal modo Deus amou a humanidade que deu seu Filho único para nossa salvação. Eu não entregaria livremente meu Samuel, único até aquele momento, pela salvação de ninguém, mas Deus, em Jesus Cristo, atesta seu incalculável e louco amor pela humanidade.

Dois anos depois da ida de Samuel, tivemos Mariah. Ela nasceu prematura e, para sobreviver, teve de ficar quinze dias na UTI, entre muitos fios. Como as regiões de seus braços e pernas, usadas para fixar a agulha do soro, com o tempo, foram inflamando, nossa pequena foi ficando com diversas mágoas no corpo. Sentia vontade de arrancá-la daqueles fios e segurá-la em meu colo. Novamente, o louvor foi a força que nos manteve firmes diante da adversidade. Permanecia ao seu lado, geralmente, treze horas por dia, com pausa apenas para almoçar, tirar o leite (para ser dado a ela por sonda) e dormir. Em meio às lágrimas e ao louvor, voltei a imaginar Deus vendo Jesus na cruz, podendo arrancá-lo daquele martírio e abraçá-lo em seu amor, e não o fazendo, em vista de um bem maior: nossa salvação.

Essa segurança de que Deus nos ama e trabalha a nosso favor, sem, porém, poupar-nos de todos os momentos de dor, porque planeja um bem muito maior, a começar pelo nosso crescimento, precisa estar muito bem impregnada em nós.

É claro que, estando na presença de Deus e caminhando na luz, somos afastados de muitos sofrimentos. Entretanto, há sofrimentos próprios do lenho da cruz que teremos de enfrentar nesta vida, seja com, seja sem Deus, queiramos ou não. A diferença é que com Deus somos chamados a abraçá-los amorosamente, com louvores e ações de graças, para que possamos receber do Pai consolo, entendimento e sabedoria. Além disso, no sofrimento com Deus somos amparados e garantidos contra o desânimo e o desespero.

Claro que preferimos louvá-lo na alegria.

Antes de completar dois anos da chegada de Mariah, Deus novamente nos presenteou, dando-nos André. Seu nascimento foi um acontecimento tranquilo e festivo. Nasceu com quase cinco quilos, forte e robusto. Quando saímos da sala de cirurgia em direção a nosso apartamento naquela maternidade, vi-me sendo transportada na maca com meu bebê deitado ao meu lado, vivo e saudável. Passando pela porta da UTI neonatal sem precisar adentrar, minha alegria e meu louvor transformaram-se em lágrimas de felicidade. Então, lembrei quando, no Gênesis, Deus chegou ao sexto dia da criação e, olhando para tudo, "achou que era muito bom" (Gn 1,31).

Mas em qualquer situação o louvor é via de retorno e aprofundamento no amor de Deus. Quando sinto que perdi a paz, por exemplo, logo busco detectar em que momento ou área da minha vida não estou amando, sabendo que a perda da paz é efeito colateral imediato à presença de desamor em meu coração. Logo que identifico a causa do desafeto, reinicio meu estado de louvor e, louvando, aos poucos volto a conectar-me com o amor de Deus e a readquirir, conseqüentemente, a paz.

Por tudo isso, o louvor é uma experiência maravilhosa que receito incondicionalmente. Como é bom viver na gratidão. Como é bom estar sempre voltando a esse primeiro nível de aprofundamento no amor e intensificando-o, nível que deve ser manifesto em nós, não apenas no louvor, mas também na fidelidade e por meio da obediência.

Sejamos gratos, agora e sempre.

A piedade

Ademais, Deus é chamado, por excelência, de Pai nosso. Ora, assim como prestamos culto aos pais pelo serviço da piedade, assim também, pela religião, prestamos culto a Deus.

Pois o amante considera seu amigo como a si mesmo, considera o mal dele como seu próprio, condói-se do mal como se fosse seu.

Com efeito, prestar um serviço e render culto a alguém procede do amor. Ora, isso pertence à piedade. Logo, a piedade não é uma virtude distinta da caridade.

Santo Tomás de Aquino**

Buscando as interpretações trazidas pela língua portuguesa, encontramos dois significados clássicos para a palavra piedade: senso de religiosidade (pessoa piedosa como sinônimo de religiosa) e sentimento de comiseração (pessoa piedosa como sinônimo daquela que sente pena de alguém). Esta última versão, que remonta a *pitoyable* e a *commiseratio*, atraiu a atenção de algumas vertentes filosóficas, também abraçadas por correntes da psicologia, as quais atribuem à piedade um sentimento de arrogância, vertical (de cima para baixo) e negativo (sentir pena, pesar, dó de alguém).

Apesar de a origem da palavra *piedade* nos levar ao termo *pitoyable*, que é sinônimo de medíocre, lastimável e desprezível, a piedade de que vamos tratar neste texto não se limita a simples *commiseratio*, totalmente negativa. Também não se restringe a um sentimento de tristeza, como definiu Baruch Spinoza,[1] muito menos a um sinal de fraqueza, como entendia Friedrich Nietzsche.[2]

A piedade, como iremos proclamá-la aqui, é mais do que uma simples qualidade, como a descreveu Kant,[3] e mais do que um privilégio, como a traçou Schopenhauer.[4]

---

[1] Filósofo holandês cético, que viveu na "Idade do Ouro", excomungado da comunidade judaica em 1656.
[2] Filósofo que viveu entre 1844 e 1900 e que defende a atitude do homem poderoso e forte, condenando sentimentos como compaixão, tolerância e piedade, por considerá-los sentimentos enfraquecedores do homem. Afirmou: "Gott ist tot" ("Deus está morto").
[3] Immanuel Kant (1724-1804) é considerado como o último grande filósofo dos princípios da Era Moderna. Indiscutivelmente, é um dos seus pensadores mais influentes. Kant causou um grande impacto no Romantismo alemão e nas filosofias idealistas do século XIX. O filósofo é famoso, sobretudo, pela sua concepção conhecida como idealismo transcendental.
[4] Arthur Schopenhauer (1788-1860), tendo como ponto de partida de seu pensamento a filosofia kantiana, concluiu que o mundo não seria mais do que representações, entendidas por ele, num primeiro momento, como síntese entre o subjetivo e o objetivo, entre a realidade exterior e a consciência humana.

A piedade, como a apresentaremos neste texto, poderá ser chamada de *piedade da pertença cristã ou da família universal*, porque inclui e ultrapassa a piedade de religiosidade e a piedade de comiseração, chegando a uma dimensão de piedade muito mais ampla. Dessa forma, por um lado, inclui o fato de sermos piedosos, no sentido de respeitarmos as coisas religiosas, e sermos próximos de Deus, o que engloba a prática da oração, mas se realiza especialmente pela posse de nossa condição de pertencentes a Deus e a seu Reino, ou seja, pelo resgate de nossa identidade amorosa (somos feitos pelo amor e para o amor).

Por outro lado, aproxima-nos amorosamente de nossos irmãos, não apenas na comiseração, embora também nela, mas principalmente na consciência de que somos parte de um mesmo todo, pertencendo-nos mutuamente. Assim, abertos à piedade na dimensão que iremos apresentar, tornamo-nos mais sensíveis às coisas espirituais por sermos da família do Pai e não ficamos imunes (mas sim até mais propensos) a, eventualmente, sentirmos pelo outro pesar e dó, já que sabemos ser ele parte do mesmo todo ao qual pertencemos.

Por meio das definições que apresentaremos, nosso grande desafio será ampliar o entendimento do que seja verdadeiramente a dimensão da piedade cristã, vista e entendida como sendo uma atitude humilde, caridosa e positiva, por isso uma grande virtude, que se constrói a partir da pessoa do próprio Deus.

Torna-se interessante destacar que, numa rápida leitura do Antigo Testamento, encontramos um expressivo número de citações que se utilizam da palavra piedade como característica da pessoa de Deus Pai. No Novo Testamento, quando conhecemos o Verbo encarnado, também vemos o uso desse mesmo vocábulo como característica da pessoa de Cristo. Muitas vezes, o uso do termo piedade não se diferencia das palavras compaixão e misericórdia. Quando se refere ao Povo de Deus, a mesma palavra ainda é usada como sinônimo de religiosidade. Quando passamos às cartas, encontramos também mais de um sentido para o emprego do vocábulo piedade.

Para que se tenha uma idéia, na epístola de Paulo a Timóteo, em capítulos bem próximos, temos tanto o sentido de piedade como referente à pessoa de vida de oração (cf. 1Tm 4,8) quanto piedade no sentido da pertença (cf. 1Tm 5,4), que, conforme já explicamos, em nosso entendimento, engloba tanto o aspecto de comiseração quanto o de religiosidade e vai mais além. Entretanto, em todas as citações ela é entendida como sendo uma virtude (humilde, caridosa e positiva), um grande atributo, um traço da Trindade de Amor ou da busca de aproximar-se dela.

Enquanto a gratidão é o reconhecimento da diferença que o outro acresce à minha vida, a piedade, como a entendemos e a traçaremos neste texto, é um reconhecimento de *pertencer* não restrito à família nuclear, mas relativo à *família universal*, que considera as igualdades, pessoalidades e semelhanças que nos aproximam e diferenciam.

Antes de mais nada, para o cristão, a piedade é uma característica do amor de Deus e, assim, predestinada a ser sentida e praticada por todos nós, pois somos imagem e semelhança do Pai. Todos nós somos convidados a ingressar neste nível do amor e a vivenciá-lo tanto na direção do céu quanto em relação à natureza humana.

Todavia, é Deus que primeiro nos vê com sentimento de piedade, ou seja, de pertença. Ele nos amou primeiro (cf. 1Jo 4,10). Esse amor de Deus é que vem ao nosso encontro de maneira pessoal, sendo que, ao mesmo tempo, é universal e individual, vendo-nos como obras criadas por ele e para ele, considerando nossas semelhanças e valorizando nossas particularidades, nivelando-nos, pois ama-nos igualmente.

Se nossa pertença a Deus calca-se em nossa filiação (Rm 8,17), ela se coroa em sua entrega absoluta. Ele não somente nos faz pertencer a si, mas também se faz pertencer a nós, ao revelar-se como nosso Pai amoroso, no cordeiro imolado que se deixa como alimento e no derramamento incondicional de seu Espírito a toda criatura que o invocar (cf. Jl 3,1-2). Reconhecendo esse olhar piedoso de Deus por nós, calcados neste olhar de pertença que vem do alto, somos chamados a lançar esse olhar do Pai, revelado em Cristo Mestre, Senhor e Salvador, a nossos irmãos.

Afinal, somos, em Jesus Cristo, filhos do mesmo Pai e, assim, verdadeiramente irmãos. Não irmãos de brincadeira, mas irmãos mesmo, de sangue, e sangue de cruz. Esse pertencer gera responsabilidades perante o outro, abrindo-nos à percepção do que nos identifica e diferencia no prisma da igualdade: somos únicos, mas da mesma família, e, perante ela, somos iguais.

Como diz são Paulo aos romanos: "[...] assim nós, embora muitos, somos em Cristo um só corpo e, cada um de nós, membros uns dos outros" (Rm 12,5). Somos, assim, membros uns dos outros. Pertencemos uns aos outros, independentemente da condição ou situação em que nos encontremos, queiramos ou não. De alguma maneira, a alegria do meu irmão e a sua dor me pertencem. Nesse sentido, entendemos o convite a sorrirmos com os que sorriem e chorarmos com os que choram (cf. Rm 12,15).

Da mesma maneira que o outro me pertence, pertenço ao outro. Não sou uma centelha autônoma, como muitas vezes pensamos ou desejamos ser. Nosso senso de independência sofre muitas alterações à luz da piedade, pois não andamos sós como pensamos, nossas vidas são interligadas, numa interdependência própria da lógica do amor.

Antes de aprofundarmos a questão da pertença, é bom caminharmos um pouco por nossas igualdades, particularidades e semelhanças.

Quanto a Deus, olhando para o céu, vemo-nos, então, pertencentes ao Criador, que não apenas nos traz para si, mas se entrega sem medidas a nós, obras-primas semelhantes ao Pai, que podem a ele se igualar na misericórdia, sendo misericordiosos como o Pai do céu é misericordioso (cf. Lc 6,36), mas que sempre serão diferentes do Deus-criador, pela condição de criaturas.

No que tange a nossos irmãos, eventualmente dizemos que para Deus, para o céu, somos iguais, como se a percepção de Deus fosse à parte da percepção real. Na verdade, somos realmente iguais porque temos perante o universo o mesmo peso existencial. Nossas diferenças valorativas são criações culturais, temporais e irreais. Entretanto, os valores fantasiosos nos quais estamos inseridos nos cegam de tal forma que a irrealidade inventada parece-nos mais palpável do que a realidade existencial.

Quando dizemos que somos valorativamente iguais, dizemos que a vida humana tem o mesmo valor, independentemente das características individuais (aparência, personalidade e dons) e das fantasias criadas (vestimenta, posses, classes e cargos). No plano dos valores espirituais, o amor de Deus também nos iguala, na medida em que é incondicional.

Somos, em verdade, diferentes em nossa singularidade, mas de igual valor existencial. Como seres singulares, somos únicos e irrepetíveis. A pessoalidade única de cada ser humano, como criatura, faz-se semelhante à obra de arte feita à mão: fomos tecidos, um a um, pelas mãos onipotentes, onipresentes, oniscientes e amorosas do Pai do céu. Nossas singularidades nos distinguem em nossas individualidades sem dividir-nos em castas. Se socialmente existem castas (intelectuais, financeiras, estéticas, de talentos e dons etc.), são divisões grosseiras que nada têm a ver com a realidade existencial que nos envolve.

Dessa forma, nossa igualdade existencial é pontuada por nossa singularidade. Como seres únicos, trazemos individualidades que não podem ser banalizadas, pois são elas que nos fazem indivíduos. Não apenas as impressões digitais nos distinguem dos demais; há muitos elementos que provam que somos verdadeiramente únicos.

A piedade, por fim, chamar-nos-á a respeitar e valorar nossos diferenciais. Assim quis o Criador: que fôssemos únicos e irrepetíveis. Isso significa dizer que existem características de Paulo que nem Antônio nem Pedro terão, pois esses trazem outras que somente eles, e mais ninguém, têm, daquela forma e naquela dimensão.

Esse nosso jeitinho, somente nosso, para algumas coisas, é o que nos garante que somos pessoa.

Enquanto lembramos que no prisma do valor somos iguais e que em nossa singularidade somos únicos, na condição humana está nossa semelhança. Reconhecê-la, portanto, também é piedade.

Como seres humanos, somos semelhantes em diversos aspectos. Respeitar e valorar essa semelhança entre nós faz a diferença. Considerar e lembrar que o outro carrega, como nós, aspirações, realizações, limitações, talentos, dores e tristezas é condição piedosa. Respeitar e valorizar as necessidades e os sentimentos do outro, por mais estranhos que nos pareçam (levando em conta a nossa própria condição, pois também temos as nossas necessidades e os nossos sentimentos), é questão de bom senso. Já que sei que perder dói em mim, posso imaginar que em meu semelhante a dor da perda também fere.

A sensibilidade à dor do outro (capacidade que nos será de grande valia diante da proposta de alçar vôos, logo adiante, na empatia e, conseqüentemente, na compaixão), por exemplo, inicia-se na perspectiva da piedade, enquanto somos convidados a colocar-nos no lugar do outro para ter idéia de sua condição. São as nossas semelhanças que nos facilitam esse movimento. Aqui, como na empatia e na compaixão, cairá bem aquela sábia pergunta: "E se fosse comigo, como eu estaria me sentindo?".

Há pessoas que me respondem que não conseguem imaginar-se na condição de alguns irmãos porque nunca seguiriam certos caminhos que outros seguem para chegar lá. E eu sempre respondo que mesmo assim — independente do caminho que levou o irmão a chegar aonde chegou — podemos refletir como nos sentiríamos se de alguma maneira lá chegássemos. Essa simples pergunta nos tira da insensibilidade e do desrespeito ao próximo, porque, antes de mais nada, o outro é meu semelhante.

Em resumo: somos idênticos em valor existencial, únicos em nossa pessoalidade e semelhantes como seres humanos.

Vivendo em fraternidade, essa experiência na piedade é bem clara, e nosso aprendizado, bem fecundo. Na *Abbá Pai* muitas vezes me deparei com vários aspectos que nos unem, na igualdade e na semelhança, e nos completam, mas que também podem afastar-nos, em nossas diferenças.

Falando destas últimas, tenho aprendido muito, por exemplo, com os mais variados tipos de ritmos biológicos. Na vivência comunitária de aliança,[5] como vivemos separados,

---

[5] As "Novas Comunidades", como chamava João Paulo II, quanto à forma de vivência comunitária, podem ser de vida e/ou de aliança. Na forma de vida, tem-se tudo em comum, vivendo sob o mesmo teto. Na forma de aliança, cada membro partilha seus bens, dons e experiências, mas permanece vivendo em sua casa e na sua realidade social, econômica e profissional, unindo-se aos demais no carisma, nas regras de vida diárias e na missão. A *Comunidade Católica Abbá Pai* é uma comunidade vocacional, onde Deus tem suscitado, até a edição deste livro, apenas a forma de aliança. Todavia, seus membros sentem que, mesmo que o Senhor venha a despertar na *Abbá Pai* vocacionados que abracem a vivência comunitária de vida, o ponto forte da *Comunidade* sempre será a vivência de aliança, especialmente para que seus membros, chamados a ser fermento de amor, estejam efetivamente misturados à massa e vivam plenamente seu carisma e sua missão.

mas permanecemos unidos no carisma, nas regras de vida, na partilha, no dízimo e na missão, somamos nossas atividades familiares e profissionais aos nossos compromissos religiosos. Isso resulta em um desgaste físico e mental relevante. Esse desgaste, creio piamente, é parte presente de nosso *martírio branco*[6] *diário*. Felizmente, ele é compensado com um abastecimento e crescimento espiritual e emocional de tão grande ordem que, fazendo um balanço, somos imensamente compensados pelo Pai pelo pouco que damos aos irmãos por causa dele.

Falando de nossos ritmos diferenciados, na proximidade que a vivência comunitária de aliança nos proporciona, os verificamos de pronto. Há pessoas na *Comunidade* que têm uma vida profissional e familiar superintensa e dão conta de inúmeras atividades de evangelização, conseguindo, ainda, cumprir as regras de vida diárias e tudo o mais, estando sempre dispostas a novos desafios e compromissos. Há outro grupo de pessoas que não conseguem dar conta das duas realidades: ou se dedicam bem à vida ordinária ou à vida comunitária. Outras até conseguem dar conta de ambas, mas, na vida fraterna, caso se empenhem bem na missão, não conseguem cumprir, na integralidade, as regras de vida. Por fim, ainda há outros grupos, cada um com peculiaridades diferentes e características especiais.

Algumas vezes, os grupos menos empenhados apenas necessitam de algum estímulo, correção ou amadurecimento pessoal de seus integrantes, ou apenas basta que revejam algum elemento prático da vida, como, por exemplo, a saúde. Outras vezes, a *Comunidade* precisa rever seus conceitos e padrões para entender que as pessoas são diferentes emocional e biologicamente.

Há pessoas na *Abbá Pai* que dormem cinco ou seis horas por noite e estão sempre dispostas. Outras necessitam dormir

---
[6] Martírio sem sangue.

oito, nove ou dez horas para sentirem-se bem durante todo o dia. Às vezes, precisamos ajudar essas últimas a ir um pouco além do conforto e esforçar-se mais. Outras vezes, a Comunidade precisa aceitar que cada pessoa tem um ritmo, e ele não pode ser esquecido.

Voltando à pertença, quando suplicamos a Deus: "Senhor, tem piedade de mim!", estamos pedindo: "Reconheça-me, sou da família, pertenço-lhe".

Esse sentimento de pertença gera responsabilidade. Na segunda multiplicação dos pães, o evangelista Mateus (15,32) relata que Jesus disse: "Sinto compaixão dessa multidão. Já faz três dias que estão comigo e não têm nada para comer. Não quero mandá-los embora sem comer, para que não desfaleçam no caminho".

Assim como acolhemos com alegria o reconhecimento dessa pertença que existe entre Deus e nós, com vista à responsabilidade dele para conosco, devemos ter esse mesmo compromisso com nossos irmãos. Assim como nós a Deus, os irmãos nos pertencem, e nós lhes pertencemos.

A delicadeza da pertença está, porém, no fato de que o senso de responsabilidade passa a ser danoso se não vier acompanhado de um grande e profundo respeito.

O respeito, com certeza, é o ponto mais delicado da piedade, pois responsabilidade e respeito parecem chocar-se em muitos aspectos, e não adianta querer continuar sem encarar de frente esse desafio que a pertença nos traz.

Para entendermos os limites que o amor nos impõe no chamado à responsabilidade e ao respeito, temos de ter certeza de que realmente chegamos no cerne da piedade.

Iniciamos aceitando que somos todos irmãos. Cada ser humano é meu irmão. Além disso, como somos chamados a amar nossos irmãos como Deus ama, e Deus é Pai, deste modo somos chamados a amar nossos irmãos como um pai ama seu filho e... pronto: chegamos na piedade. Isso significa dizer que um pai, em plena e sã consciência, não tem sentimentos antipiedosos para com seus filhos, quais sejam: indiferença, desprezo, inveja e competitividade. Afinal, um pai amoroso é sensível à pessoa de seu filho: não o inveja, não o despreza, não quer estar à sua frente nem deseja que ele tenha perdas. Um pai amoroso quer o desenvolvimento de seu filho e a sua vitória, mesmo em áreas em que o pai não foi ou não é bem-sucedido. Em outras palavras: um pai está sempre na torcida pelo filho.

Quando encaramos o desafio de sermos piedosos, percebemos que, inicialmente, o difícil será estar na torcida por todos os irmãos, incondicionalmente. Passando a etapa de reconhecimento do outro como pertença, veremos que o difícil será portar-se corretamente nessa torcida, e o ponto mais crítico será o respeito.

Às vezes, nós nos empolgamos na piedade e pecamos por excesso de responsabilidade. Chamo de excesso não a quantidade de responsabilidade, mas a existência de déficit de respeito.

Um pai, por mais amoroso que seja, que ama seu filho com responsabilidade, mas é desprovido de alguns dos limites que o respeito impõe, irá ferir vários princípios do amor, sufocando e/ou agredindo sua prole, comprometendo seu desenvolvimento e independência. Assim também na piedade aos irmãos, não podemos assumir nossa responsabilidade sem os respeitar primeiramente.

Enquanto a responsabilidade nos aproxima, o respeito dita as regras dessa proximidade, delimitando, entre outras coisas, espaços que não podem ser invadidos.

Quando observei que ainda não conseguia dosar responsabilidade e respeito em minhas relações piedosas, impus-me a condição de sair de minha posição no banco da torcida em prol de alguns irmãos e ir, por um tempo, participar apenas da equipe de salvamento, assumindo o lema: "Precisando, é só chamar". Isso porque, às vezes, nos empolgamos com a responsabilidade que descobrimos ter e negligenciamos no respeito, por exemplo, quanto à liberdade do outro. Assim como uma torcida de jogo, na torcida organizada em favor de alguém, às vezes, "forçamos a barra", querendo até jogar pelo outro, a fim de que o melhor aconteça em sua vida. De tanto descer para a equipe de salvamento, consegui comportar-me melhor na arquibancada e hoje sou bem mais tranqüila na arte de administrar o entusiasmo de ser torcida e os limites que lhe são próprios.

Sendo Jesus modelo de piedade — pois quem o vê, vê o Pai — com sua mãe, Maria, podemos também aprender muitas lições sobre esse nível de aprofundamento no amor, especialmente quanto ao respeito. Uma delas partiu da palavra que relata que ela guardava tudo no coração (cf. Lc 2,51). Sempre me esforcei para compreender e aceitar as pessoas, objetivando amá-las integralmente. Ainda creio que compreensão e aceitação fazem parte do amor, porém há coisas na vida e nas pessoas que são — ou ao menos nos parecem — incompreensíveis e inaceitáveis. Pensando no caminho escolhido por Maria, entendi que até as coisas incompreensíveis, assim como as inaceitáveis, mesmo continuando a sê-lo, podem ser guardadas no coração.

Em outras palavras: podem ser acolhidas com amor. Quem acolhe os fatos da vida e as pessoas com amor, independentemente de serem aceitáveis ou compreensíveis, vive mais profundamente a piedade.

Outro obstáculo que tive de derrubar foram os *planos de desenvolvimento* que, ao longo da vida, fui elaborando para aqueles que, de forma mais aproximada, ia assumindo em meu amar. Quando percebi, já havia formulado um plano de desenvolvimento pessoal para cada um daqueles que acolhia nos mais variados setores (particular, espiritual, profissional etc.). Entretanto, também notei que o desejo de que eles prosperassem acabava por limitar minha expressão amorosa.

Precisei abandonar os *planos de desenvolvimento* para poder construir, devidamente, *planos de amor.*

Penso que os pais acabam sendo assim com seus filhos. Recebem-nos muito pequenos e indefesos e vão vendo-os crescer a cada dia. Assumem com suas vidas a responsabilidade sobre sua prole e, quando percebem, já formaram um plano completo de desenvolvimento para cada um dos seus. Entretanto, por mais que tenhamos o direito de desejar o bem dos que amamos, esses planos de prosperidade condicionam a nossa capacidade de amar e formam barreiras na vivência do pleno amor.

Precisamos abandonar nossos *planos de desenvolvimento* para integrar aos nossos relacionamentos apenas, e tão-somente, *planos de amor.*

Os *planos de desenvolvimento* projetam, com base nos potenciais que cada um apresenta, desenvolvimentos nas mais variadas áreas, prevendo, a partir da superação das debilidades, a prosperidade e a vitória. Os *planos de amor* também consideram as potencialidades e as debilidades de cada ser, mas não se fixam, ou melhor, não se condicionam ao potencial.

Os *planos de desenvolvimento* têm direção e percurso verticais, sempre para o alto. Os *planos de amor* também miram o progresso, mas sua trajetória se perfaz subindo em movimento circular. Sua meta inclui catar as migalhas de amor que vão sendo jogadas à beira do caminho.

Quando focamos os *planos de desenvolvimento* para alguém, projetamos sua imagem num futuro promissor. Quando adotamos *planos de amor,* vemos o ser real que está à nossa frente aqui e agora e valorizamos cada gesto amoroso, visando ajudá-lo a crescer a cada etapa no potencial de amor latente em si.

Os *planos de desenvolvimento* têm metas grandiosas, mas são os *planos de amor* que têm as grandes metas. Por fim, a piedade nos levará ao que chamamos de amizade. Então, ser verdadeiramente amigo não é um desafio tão simples assim. O verdadeiro amigo é o bom pastor (cf. Jo 10,11), a imagem do *Abbá* (papaizinho querido), o manso e humilde de coração (cf. Mt 11,29): *Jesus*. Por isso, ele, ao se despedir dos seus discípulos, e, por eles, de nós, antes de seu calvário, sua prova de amor final, disse não nos chamar mais de servos, mas de amigos (cf. Jo 15,15). Ele colocou seu senhorio, sua liderança e sua missão abaixo de sua amizade. Continuou sendo Senhor, Mestre e Salvador, mas, antes de mais nada, foi e é amigo. Como Deus, em Jesus Cristo, revela-se Pai, Cristo, enviado pelo Pai, revela-se, a si e ao Pai, como amigo.

Assim como Cristo, e com ele a Trindade, é acima de tudo e antes de qualquer coisa nosso amigo, assim também nós devemos colocar na amizade nossa primeira missão. Antes de filha, irmã, esposa, mãe e serva, devo ser amiga. Se, por exemplo, antes de ser esposa eu não for amiga do Ivano, não serei uma boa esposa. Assim nas demais missões, especialmente nas afetivas e religiosas. Se na obra de evangelização eu for mais serva do que amiga do Povo de Deus, não serei uma boa serva.

Entretanto, nas mais diversas áreas, e especialmente no plano profissional, as pessoas têm medo de ser amigas e perguntam-me como uma chefia pode ser amiga de seus subordinados, se, vez ou outra, terá de corrigi-los e/ou até demiti-los.

Contudo, posso responder, sem medo, que um chefe amigo pode e deve, se necessário for, corrigir e/ou até demitir seu subordinado. Assim como um namorado amigo pode e deve corrigir e/ou romper com sua namorada se descobrir incompatibilidades essenciais para um compromisso maior.

Da mesma forma, um pai amigo deve corrigir seus filhos e manter os limites estabelecidos, não obstante a amizade existente. Na verdade, justamente por ser amigo de seu filho e querer seu maior bem, um pai não pode esquecer que é pai, e deve, quando necessário, exortar, estabelecer limites e negar algo à sua prole.

Em nenhum dos papéis que desempenhamos na sociedade precisamos deixar de ser amigos para agir corretamente, pois a verdadeira amizade não é permissiva. Ser amigo não é ser "bonzinho", é ser bondoso. O bonzinho é conivente com o erro do outro. O bondoso prioriza o bem e não se detém em promovê-lo. Para um mau empregado ou alguém que trabalha em uma área que não condiz com seu potencial, por exemplo, uma demissão pode ser uma grande oportunidade de crescimento pessoal e descoberta vocacional, respectivamente.

Recentemente, em casa, demitimos uma pessoa que trabalhava para nós. Nossas necessidades e sua disponibilidade estavam sendo incompatíveis. Antes de demiti-la, entretanto, consultei pessoalmente várias colegas quanto a bons locais de emprego e recomendei-a a algumas pessoas interessadas. Com a pesquisa que fiz, organizei uma lista de lugares bons para ela trabalhar. Além de pagar corretamente todos os seus direitos, ao dispensá-la entregamos a referida lista e uma carta de recomendação.

Jesus não deixou de dispensar a multidão que o seguiu, porém não a deixou partir de mãos vazias. Tenho lembrado isso a pessoas que me confidenciam suas dificuldades em manter certas relações de amizade, por sentirem-se no dever de sempre dar tudo aquilo que o outro deseja.

O desejo da multidão que acompanhava Jesus na segunda multiplicação dos pães, possivelmente, seria o de permanecer um pouco mais com ele ou apenas de testemunhar mais alguns milagres. Ele já havia feito a obra e precisava dispensá-los. Por saber o verdadeiro significado da piedade, ou seja, da verdadeira amizade, não deixou de fazer o que era necessário. Jesus os dispensou, mas não os deixou partir de mãos vazias.

As pessoas podem procurar-nos com um propósito e, no entanto, satisfazê-lo pode não estar ao nosso alcance ou não ser o melhor a ser feito. Não precisamos dar-lhes sempre o que pedem. É importante saber dizer não, sem dispensá-los de mãos vazias.

A multidão que seguia Jesus talvez não esperasse alimento, mas foi o que ele lhes deu: era o que precisavam receber para partirem fortalecidos.

Além disso, o amigo se revela não apenas pelo que faz, mas pelo jeito e pela intenção de sua ação. Se a intenção é o bem, ele continua coerente com sua amizade. Por isso, também a fraternidade deve estar sempre subordinada à verdadeira amizade.

Como fundadora de uma comunidade nova, antes de mais nada devo ser amiga de Deus, da Igreja, das demais comunidades e dos integrantes da *Abbá Pai*. Como amiga, posso e devo, eventualmente, sugerir a algum membro que mude de posto ou até que dê um tempo em seu caminho vocacional, visando, em última instância, a seu bem e ao da *Comunidade*. Assim também, a *Abbá Pai*, como amiga, deve ser profeta para o mundo e para a Igreja, levando a verdade onde houver erros. Em outro norte, nossa amizade também nos dará lucidez quanto à verdadeira missão de nosso carisma: se as obras que a *Comunidade* faz comprometerem nossa amizade com Deus, com a Igreja, com as demais comunidades e, internamente, entre nós, elas devem ser repensadas, pois nossa maior obra é sermos amigos, para que o mundo, vendo o nosso amor, creia em Jesus Cristo (cf. Jo 17,23).

Tendo Deus Trino como nosso grande paradigma de amizade — o Pai, que dá seu único Filho; o Filho, que se dá totalmente e ainda se deixa como alimento, conforme a vontade do Pai; o Espírito, que é enviado pelo Pai e se derrama sobre a humanidade, sempre que invocado, em nome do Filho — não podemos esquecer que, além da entrega, a fidelidade é ponto essencial da amizade. Deus sempre é fiel, e assim permanece, apesar de nossas infidelidades. Então, se dizemos que Deus, nosso paradigma, é um amigo fiel, sendo o vocábulo fiel sinônimo de verdadeiro, ser amigo fiel é ser amigo de verdade.

Basicamente, a amizade em si pode ser estabelecida nos mais variados níveis, sem deixar de ser uma amizade sincera. No extremo, por exemplo, posso até permanecer amigo de alguém que se faz meu inimigo (movimento que é a base da misericórdia, que iremos percorrer mais adiante), mesmo que os níveis de contato entre nós sejam ínfimos.

Se posso ser amigo até de meu inimigo, posso estabelecer inúmeros vínculos de amizades nos mais variados níveis, ou seja: para eu ser amigo de alguém, não preciso ser próximo dele em todas as áreas, até porque esta proximidade depende de convivência, intimidade e confiança. É claro que o modelo clássico de amizade inclui contatos regulares, proximidade e abertura. Todavia, alguém pode não conviver diariamente comigo, não expor toda sua intimidade e não me confiar toda a sua vida, e ainda assim terei condições de ser seu amigo.

Por outro lado, os pais, às vezes, frustram-se por não conseguirem ser *amiguinhos* de seus filhos. No entanto, *amiguinhos* serão pessoas da geração deles. Temos vinte, trinta, quarenta anos a mais para sermos da turma. Não nos cabe ser *amiguinhos*, cabe-nos ser amigos, e amigos fiéis. Na ânsia de ser *amiguinhos,* corremos o risco de ser *bonzinhos,* para não estragar o vínculo pretendido, e aí negligenciamos nosso papel de pais e de verdadeiros amigos.

Em vários aspectos, no exercício da paternidade/maternidade, os pais se atrapalham bastante na vivência da piedade, apesar da clareza do forte laço de pertença que mantêm com seus filhos. Eles, normalmente, se confundem no viver a igualdade, as semelhanças e as diferenças que a própria condição impõe.

Para que se tenha uma idéia, os pais que conseguem relacionar-se bem com seus filhos no plano da igualdade, sentando com eles, brincando com os menores e/ou conversando abertamente com os maiores, acabam tendo dificuldade em separar os papéis e viver as diferenças quando é hora de pôr limites, por exemplo. Já aqueles que sabem distinguir bem suas obrigações, direitos e deveres enquanto pais e, conseqüentemente, as diferenças que os separam de sua prole, encontram dificuldades em aproximar-se da mesma naquilo em que são semelhantes ou no que podem ser, por exemplo: sendo crianças com as crianças e jovens com os jovens em alguns pontos de contato e aproximação.

Em qualquer situação, para o eficaz exercício da maternidade/paternidade é primordial estabelecer alguns pontos de contato no nível da prole, entrar no seu mundo por algum tempo e interagir com ela. Isso inclui humildade, ou seja, descer, colocar-se no nível do outro, sem esquecer seu verdadeiro lugar. Deus, sendo Deus, humilhou-se, tornando-se homem, desceu de sua realeza para estabelecer novos pontos de contato com a criatura humana, sem deixar, entretanto, de ser Deus. Pelo caminho da humildade, o Pai nos resgata como filhos e Jesus se faz nosso irmão. Mais do que isso, antes de enfrentar seu calvário (prova de amor maior), Cristo chama-nos de amigos. E o Pai, em seu nome, após ressuscitá-lo, envia o Espírito Santo, que desce em nosso auxílio.

Assim como os pais biológicos, adotivos e espirituais devem abaixar-se para entrar em contato com seus filhos, nós, enquanto irmãos, também devemos abaixar-nos para estabelecer contato uns com os outros.

E temos na simpatia uma fecunda maneira de abaixarmonos. Como simpatia, entendemos o movimento de interagir com o universo do outro. Como definiu Adam Smith no século XVIII: é a faculdade de participar das emoções de outrem, sejam lá quais forem.[7] A aproximação que promove a simpatia dá-se tanto no sentido de perceber positivamente o universo do outro como também no movimento de ser simpático para com o outro. Este é um esforço necessário para que se estabeleça a piedade entre os homens.

Não falo da simpatia espontânea que temos ou manifestamos por algumas pessoas. Falo mesmo de um esforço em simpatizar e ser simpático, com o fito de propiciar o germinar da piedade entre nós. Assim, mesmo que não haja afinidade e atração entre mim e meu próximo, devo esforçar-me por encontrar pontos de aproximação entre nós, derrubando as barreiras da indiferença ou da antipatia, para participar de suas emoções.

Todos os dias, aqueles que convivem comigo ensinam-me a viver a piedade. Eles me ensinam ao atingir-me com ela e ao provocá-la em mim. Quando penso tê-la apreendido, novos desafios surgem e percebo quanto ainda sou aprendiz.

Mesmo assim, sou chamada a avançar no aprofundamento do amor. Já sei, contudo, que, quanto mais vivo a gratidão, mais cresço em piedade e mais livre estou para abraçar a compaixão e a misericórdia, e que o inverso também é verdadeiro. Na verdade, a piedade é a base necessária para a vivência da compaixão e misericórdia verdadeiras.

---

[7] *Theory of moral sentiments*, 1759. [N.E.: Ed. bras.: *Teoria dos sentimentos morais*. São Paulo: Martins Fontes, 1999.]

A compaixão

... não se compadecem os orgulhosos,
que desprezam os outros e os julgam maus
e, portanto, os consideram dignos
de sofrer tudo o que sofrem.

Santo Tomás de Aquino*

No fundo, notam que os amo com verdadeiro amor,
e que nunca imitarei o mercenário que,
vendo o lobo chegar,
abandona seu rebanho e foge (Jo 10,12).
Disponho-me a dar minha vida por eles.

Santa Teresinha do Menino Jesus

Apesar de o dicionário da língua portuguesa misturar a definição das palavras piedade e compaixão, relacionando ambas com pena e comiseração, a definição terminológica de compaixão é bem específica. Compaixão, na origem da palavra latina, é *padecer ou sofrer com*.

Reprisando o que conversamos no tópico anterior, para considerar e interagir com o universo do outro, precisamos primeiro percebê-lo pelos olhos da simpatia (ligada diretamente à piedade), enxergando-o e ouvindo-o.

Depois, para chegarmos ao *sofrer com*, temos de passar primeiro pela empatia, ou seja, considerarmos o sentimento do outro para penetrarmos em sua vivência. É uma espécie de vestir o sapato alheio para sentir onde ele aperta. É por isso que compaixão e piedade se misturam tanto.

Feitas essas considerações preliminares, vemos que, apesar de a definição clássica da compaixão restringir-se a *sofrer com*, a compaixão revelada por Cristo vai além do simples comungar a dor alheia, pois finaliza seu movimento no ato de socorrer o sofredor. Se para os filósofos a compaixão é *sofrer com*, para os cristãos ela é *sofrer com para socorrer*.

Em outras palavras: podemos dizer que a verdadeira compaixão, o verdadeiro *sofrer com* o outro, leva-nos ao socorro, pois remete-nos à responsabilidade que temos com o sofredor. Quando digo sentir a chaga alheia, mas não me movo para acolhê-lo e não me comprometo com sua libertação e promoção, não fui atingido pela verdadeira compaixão, na dimensão que o cristianismo a apresenta.

Lembro-me que, iniciando meu segundo grau, o colégio em que estudava levou-nos a visitar o asilo no qual hoje, após vinte anos, sou voluntária pela *Comunidade Abbá Pai*.[1]

---

[1] A missão da *Comunidade Católica Abbá Pai* inclui a manutenção de uma Central de Voluntários que cadastra, forma e envia voluntários para visitas e

Uma das garotas de minha turma emocionou-se mais que todos. Seus olhos permaneceram lacrimejando quase todo o tempo em que estivemos naquela instituição.

No retorno, enquanto caminhávamos em direção ao colégio, que fica bem próximo ao asilo, ela relatou quanto sofrera diante da dor que via em cada idoso. Por fim, concluiu, para minha surpresa, que nunca mais entraria em um lugar como aquele, pois sofria demais diante de tamanho abandono.

Naquela época não havia sequer pensado nos níveis de aprofundamento no amor, mas a reação de minha colega pareceu-me tão estranha que até hoje lembro com clareza e detalhes.

Conheço pessoas que não acompanham nem visitam seus entes queridos no hospital por sentirem-se muito tristes ao vê-los necessitados de uma internação hospitalar. No caso de a pessoa emocionada ser cardíaca ou acometida de alguma outra doença física e/ou emocional e que por isso possa vir a ser prejudicada em situações dessa natureza, evitar esse tipo de emoção seria até propício. Contudo, em se tratando de pessoas saudáveis, esse tipo de sensibilidade não pode ser considerada próxima à compaixão, pois esta segue movimento inverso, de proximidade, não de afastamento.

Enquanto minha sensibilidade me afasta da promoção da vida, ela não vem do amor. Quando minha sensibilidade aproxima-me de Deus, de mim mesma e do outro, caminho no amor. A sensibilidade que afasta caminha com o egoísmo e com o orgulho e segue para o desamor.

Quando me vejo, hoje, voluntária naquele mesmo asilo, penso nas voltas que a vida dá e no verdadeiro sentido do servir que aprendi com a *Abbá Pai*.

---

trabalhos semanais em instituições que amparam crianças, pessoas com deficiências físicas e mentais, doentes, idosos e presidiários. Pela Regra da *Abbá Pai*, todo vocacionado da *Comunidade* deve ser um voluntário, de preferência nas instituições cadastradas que mais necessitam.

Mesmo muito antes de fazer parte de uma comunidade laical, fui voluntária em diversos tipos de estabelecimento. Nunca pensei, entretanto, em engajar-me no voluntariado permanente de um asilo. Fazia visitas esporádicas aos idosos, mas sentia-me mais à vontade com as crianças e com as pessoas com deficiências físicas e mentais, e meus voluntariados independentes atingiram esse tipo de público.

O asilo nunca foi uma opção natural, mas a *Abbá Pai* precisava de voluntários para atender a idosos, e aí eu comecei a assisti-los. Esse princípio da compaixão está muito claro para mim: atua-se onde e quando é necessário, e não onde e quando inicialmente preferimos.

Confesso que, hoje, a vivência com idosos tem enriquecido grandiosamente a minha vida, ajudando-me a compreender melhor o ser humano em seu declínio temporal. O limite que a idade impõe aos que envelhecem tem-me feito repensar minha relação com o limite, com as restrições, com as perdas e desgastes circunstanciais, temporais e definitivos. A tristeza deles não apenas entristece meu coração, ela reforça os motivos que tenho para levar-lhes carinho e alegria. Não posso dar-lhes tudo aquilo que precisam, mas posso oferecer-lhes a minha presença, o meu amparo e o meu afeto. Gosto de chegar oferecendo-lhes doces (para os diabéticos levo produtos *diets*), porque sempre despertam um sorriso.

Examinando os textos bíblicos, constatamos que, no Antigo Testamento, a palavra compaixão é largamente citada.

Em Gn 19,16, o anjo do Senhor insistiu com Lot para que este saísse com sua família da cidade prestes a ser destruída, e é relatado: "Como ele hesitasse, os homens tomaram-no pela mão, a ele, à mulher e às duas filhas — pois o Senhor tinha compaixão dele".

No mesmo livro, vemos que Isaac (Gn 25,21) também implorou em favor de sua mulher, Rebeca, que era estéril. E lê-se: "Foi atendido pelo Senhor, e Rebeca concebeu".

Em Isaías (cf. 63,9), o profeta lembra que foi Deus, em pessoa, que os salvou: *em seu amor e em sua compaixão ele mesmo os resgatou.*

No segundo livro de Crônicas (2Cr 30,9), lemos: "Pois o Senhor, vosso Deus, é clemente e misericordioso, e não desviará de vós os olhos, se voltardes para ele".

Em 2Mc 7,6, temos o relato do martírio dos sete irmãos. Quanto à compaixão divina, diziam: "O Senhor Deus está vendo e na verdade se compadece de nós, segundo o que Moisés declarou pela voz de quem entoa o seu cântico: *'Ele se compadecerá de seus servos'*".

Mesmo que em algumas citações, tanto do Antigo como do Novo Testamento, a palavra compaixão seja utilizada, por vezes, com sentido bem próximo ao das palavras piedade e misericórdia, ela sempre representará uma proximidade amorosa, que vem em socorro daquele que sofre.

No Novo Testamento, temos citações da compaixão apresentada por Cristo.

No capítulo nove do evangelho de Mateus, há o relato de que Jesus, vendo a multidão, tomou-se de compaixão por ela, porque estavam exaustos e prostrados como ovelhas sem pastor. Na seqüência (Mt 14,14), descreve-se que Jesus, seguido pela multidão, "encheu-se de compaixão por eles e curou os que estavam doentes".

Em Marcos (1,40), vemos que um leproso, aproximando-se dele, suplicou-lhe de joelhos, dizendo: "Se queres, tens o poder de purificar-me!". Movido de compaixão, Jesus estendeu a mão e tocou nele.

Lucas vai relatar o encontro de Jesus com o cortejo fúnebre perto da porta da cidade de Naim (7,11-15). Era o enterro do filho único de uma viúva. Ao ver aquela mãe, *tomado de compaixão,* disse: "Não chores!". Voltando-se ao filho morto, ressuscitou-o.

A atitude do Pai perante o filho pródigo (cf. Lc 15,11-32), que volta despedaçado, é permeada pela misericórdia, mas passa pela compaixão. Em seu relato, Jesus conta que, ao ver o filho que voltava para casa, o Pai foi *tomado de compaixão.*

Entretanto, vejo na parábola do bom samaritano (Lc 10,30-35) a melhor explicação do que seja efetivamente a compaixão. Vejamo-la juntos:

Certo homem descia de Jerusalém para Jericó e caiu nas mãos de assaltantes. Estes arrancaram-lhe tudo, espancaram-no e foram-se embora, deixando-o quase morto. Por acaso, um sacerdote estava passando por aquele caminho. Quando viu o homem, seguiu adiante, pelo outro lado. O mesmo aconteceu com um levita: chegou ao lugar, viu o homem e seguiu adiante, pelo outro lado. Mas um samaritano, que estava viajando, chegou perto dele, viu, e moveu-se de compaixão. Aproximou-se dele e tratou-lhe as feridas, derramando nelas óleo e vinho. Depois colocou-o em seu próprio animal e o levou a uma pensão, onde cuidou dele. No dia seguinte, pegou dois denários e entregou-os ao dono da pensão, recomendando: "Toma conta dele! Quando eu voltar, pagarei o que tiveres gasto a mais".

Essa parábola Jesus contou após as seguintes perguntas feitas por um doutor da Lei, que, segundo Lucas, desejava pô-lo à prova: "Mestre, que devo fazer para herdar a vida eterna?" (10,25b) e "E quem é o meu próximo?" (10,29b). No final de sua explanação, Jesus exorta-o (10,37b): "Vai tu e faze a mesma coisa".

Olhando o homem que desce de Jerusalém a Jericó, vemos que estamos diante de uma vítima que padece. A compaixão clássica e pura temos diante daquele que sofre injustamente. Mas nada impede que tenhamos compaixão por aquele que colhe o fruto de seus atos errôneos, como é o caso do Pai da parábola do filho pródigo (Lc 15,11-32). Diante do pródigo que retorna, a compaixão se mistura com a misericórdia.

O pai descrito em Lc 15,11 manifesta seu imenso amor desde o momento em que deixa seu filho mais novo partir. Ao recebê-lo de volta, porém, sua grandeza amorosa torna-se mais notória. Destaca-se que a Palavra diz que aquele pai foi tomado de compaixão. Imaginando a cena (o que faremos melhor quando tratarmos especificamente da misericórdia), podemos ver um filho desfigurado pela miséria, pelo sofrimento e pelo fracasso sendo avistado ao longe. Aquele jovem saudável, altivo e confiante que partiu não existe mais. Seu padecimento, sua dor tomou o coração de seu pai, e este, compadecido pelo penar de sua prole, "Correu-lhe ao encontro, abraçou-o e o cobriu de beijos" (15,20b).

Então, a compaixão cristã se inicia na percepção daquele que padece, ainda que não seja injustamente, sempre com vista a acolhê-lo e socorrê-lo.

Voltando ao bom samaritano, nosso exemplo de compaixão clássica, vemos o que sofre perdas e dores a partir de uma injustiça.

Seria quase impossível ao bom senso humano não se condoer diante do injustiçado que sofre. Mesmo assim, Jesus apresenta dois personagens de presumida reputação (o sacerdote e o levita) que vêem o homem ferido à beira do caminho e passam adiante. Sendo eles conhecedores da Palavra de Deus e considerados pelo povo cumpridores dela, sabendo o estabelecido em Lv 19,18, ou seja, *amar o próximo como a si mesmo,* ainda mais no caso apresentado por Jesus, dever-se-ia deduzir que eles agiriam compassivamente.

Da mesma forma, com relação a todos aqueles que recebem uma formação humana e/ou religiosa razoável, comover-se diante do que é vítima e mover-se em seu socorro deveria ser uma atitude óbvia. Mas parece que não era na época de Jesus e ainda não é hoje.

Dos três homens que viram o moribundo apenas um, no caso o menos qualificado, agiu com caridade, pela compaixão. Na história de Jesus, ele era um samaritano, que, justamente por ser da Samaria, era de uma origem menos conceituada, uma estirpe com uma história de infidelidade a Deus e à sua Lei.

A parábola diz que os três viram o homem no caminho, mas somente o samaritano viu-o verdadeiramente. Os dois primeiros apenas viram uma cena, como as que vemos nos noticiários da televisão diariamente. O samaritano viu além da cena, viu a dor e a necessidade daquele que padecia. Antes disso, pelos olhos da piedade, ele viu alguém que lhe pertencia, e esse *ver* abriu-o à compaixão, a partir do instante em que a dor do outro ecoou em suas entranhas e, compadecido, apeou e foi em direção ao ferido no intuito de socorrê-lo.

Essa é uma característica própria da pessoa de Deus, que é piedoso e compassivo. Lendo o livro do Êxodo, na bela cena da sarça ardente (Ex 3,7-8), vemos que o próprio Deus traça o caminho da compaixão a partir da piedade quando diz: "Eu vi a opressão de meu povo no Egito, ouvi o grito de aflição diante dos opressores e tomei conhecimento de seus sofrimentos. Desci para libertá-los das mãos dos egípcios e fazê-los sair desse país para uma terra boa e espaçosa, terra onde corre leite e mel".

O Deus que desce para livrar-nos e promover-nos é um Deus que vê, ouve e conhece. Não passamos despercebidos ao amor. Ele sabe de nós porque nos percebe constantemente, além das aparências (cf. Sl 138[139]), porque vê nossa alma e é sabedor de todos os fatos que permeiam a nossa vida. O bom samaritano não possuía a onisciência de Deus, mas viu pelos olhos da sensibilidade do amor, que o identifica como filho de Deus e o potencializa à sua semelhança. Por isso viu o irmão escondido no homem largado à margem e a dor dele. Se este não estivesse desfalecido e moribundo, poderia tê-lo ouvido também, não como quem ouve algo que não lhe interessa ou lhe pertence, mas como quem ouve algo que requer uma resposta.

Mesmo sem ser Deus, o samaritano era conhecedor daquele padecimento, porque, possivelmente, já havia acolhido a própria dor. Por isso, o princípio da compaixão humana é o contato com a dor pessoal.

Na verdade, todos nós, repito, *todos nós*, padecemos. Todos temos as nossas dores da alma, assim como os nossos fracassos e fraquezas. Somos todos chagados, limitados e pequenos em algumas áreas. Para conhecer a dor do outro, eu preciso primeiro entrar em contato com a minha dor, assim como com o meu fracasso, com as minhas perdas e debilidades. O samaritano era um discriminado. Sua chaga social propiciou-lhe um conhecimento da dor melhor do que aos bem-sucedidos levita e sacerdote. Não que estes não sofressem, mas possivelmente não haviam trazido suas chagas à luz da verdade para vê-las e acolhê-las claramente.

Em último grau, conhecer o próprio padecimento é aceitá-lo para redimi-lo. Se rejeitamos nossas chagas, não saberemos acolher a do outro. O verdadeiro socorro é uma ação positiva que primeiro abraça para depois livrar e promover.

Na sarça, Deus fala em livrar-nos e fazer-nos subir, mas antes pontua ser necessário descer. Assim como Deus desce, o bom samaritano desce para socorrer seu irmão. Como estava em sua montaria, ele pôde fazer dois movimentos de descida, apeando para pôr-se de pé diante do homem e, depois, abaixando para curar-lhe as feridas.

Imaginamos que o sacerdote e o levita também passaram conduzidos por um animal, quem sabe um cavalo, todavia nem sequer apearam para melhor ver o homem semimorto.

O cavalo pode representar muitas coisas: *status*, destaque, proteção, elegância, força e poder, entre outros. Os reis e os guerreiros galopavam. Jesus, sendo verdadeiramente rei, preferiu entrar em Jerusalém em um burrinho (cf. Jo 12,12-15) e sair da cidade sob o jugo da cruz, indo ao chão três vezes, com vista à remissão de nossos pecados. Seu reinado é o da humildade e da solidariedade. Todos nós temos o *nosso cavalo*. Ele retrata nossa força, o que nos distingue dos demais, nossos cargos, nossa altivez. Montados, não somos comuns, estamos acima, em destaque, protegidos pela força da montaria. Quanto mais fracos e inseguros, mais nos apegamos à força de *nosso cavalo* social. Ele nos protege e dá a sensação de poder.

O bom samaritano também tinha sua condução, mas não hesitou em descer quando chamado pela compaixão. De pé, diante do moribundo, poderia apenas conferir a situação, matar sua curiosidade, voltar a montar e partir. No entanto, apeando, imediatamente foi socorrer o próximo.

Mesmo quem não tem *um cavalo* que o distinga da multidão, mantendo-se no mesmo nível da maioria, sem cargos, destaques e poder, pode negar-se a abaixar até o chão e *sujar as mãos na ferida* do outro. Se *estar no cavalo* nos destaca, estar de pé mantém-nos no nosso mínimo de dignidade. Quando *nos colocamos de joelhos*, mesmo que para socorrer o que sofre, reduzimo-nos a menos do que somos.

Assim é o amor, assim é Deus, ele desce ao máximo para estar no meio de nós. Assim Jesus, que abandonou sua condição divina e se fez homem (cf. Fl 2,6). E como se isso não bastasse, carregou sobre si nossa miséria e deixou-se pregar no madeiro (cf. 1Pd 2,24), abandonando toda a sua dignidade para socorrer-nos.

Desde a gratidão até a misericórdia, viver o amor é abaixar-se. Assim também na compaixão. Não há como vivê-la sem *descer do cavalo* e *colocar o joelho no chão, ficando aquém de sua própria altura*. Na compaixão, *abaixar-se até o chão* é abdicar de sua condição para rebaixar-se em prol do que sofre.

Toda vez que vou ao asilo para meu trabalho de voluntariado semanal, deixo de ser o personagem social que sou. Deixo minha condição cultural e financeira, meus cargos e meus diplomas toda vez que pego a colher para alimentá-los, empurrar cadeiras de rodas para locomovê-los, segurar a esponja para lavá-los, pegar a toalha para secá-los e colocar-me de joelhos para calçá-los.

Quando sirvo alguém, seja quem for e em que situação está, de algum jeito *me abaixo* e *me coloco de joelhos*. Normalmente, nossa arrogância briga conosco quando servimos. O orgulho sempre se oporá ao servir.

Mesmo como voluntária, posso ser uma voluntária que pensa que serve, mas que quer mandar nos internos, na administração da instituição e nos seus funcionários. Nossa natureza decaída quer mandar e ser servida, não servir.

Por outro lado, algumas pessoas até gostam de servir, desde que seja a alguns seguimentos escolhidos. Os ambiciosos gostam de servir a autoridades. Conheço pessoas que servem bem aqueles que escolhem para compor seu ciclo afetivo. Outras sujeitam-se apenas a crianças. Ainda outras preferem os animais. Mas o chamado à compaixão não é por esse ou por aquele segmento, é pela criação de Deus como um todo.

Outro obstáculo ao servir contido na compaixão é o egoísmo. Nosso personagem da Samaria gastou azeite e vinho para socorrer o desfalecido, colocou um homem chagado e possivelmente sujo de sangue e poeira em seu cavalo e levou-o a uma hospedaria. Além disso, propôs-se a pagar a conta ao voltar.

Faz, aqui, três movimentos de cuidado. Cuida do sofredor no local, leva-o a um lugar com mais recursos e paga a conta. Presta um socorro completo, pois assume a vida do outro como sua responsabilidade.

Nesse espírito, na sua primeira epístola (1Jo 3,17-18), João vai exortar-nos: "Se alguém possui riquezas neste mundo e vê seu irmão passar necessidade, mas diante dele fecha o seu coração, como pode o amor de Deus permanecer nele?". E continua: "Filhinhos, não amemos com palavras e de boca, mas com ações e de verdade".

No egoísmo hodierno, vemos três grandes vertentes em oposição à compaixão: avareza, pressa e impessoalidade.

O homem moderno tem-se tornado cada vez mais individualista, especialmente em termos financeiros. A ganância e a gula têm-no levado a aprofundar-se na avareza. Mesmo assim, ela não é atributo exclusivo dos abastados. Ricos e pobres podem dispor ou não do que têm, para promover o irmão mais necessitado. Seja no pouco ou no muito, somos chamados a repartir. Há quem não reparta nem os restos e as sobras, e quem somente reparta estes. É preciso dar do melhor que temos também, com a alegria do repartir que somente o amor conhece. De fato, sabemos que quem pouco divide pouco ama. Pois quem pouco ama pouco divide.

Essa avareza também se estende ao plano do tempo. Mesmo os menos compromissados dispõem de pouco tempo para o outro. O homem moderno quer todo o tempo para si, para seu trabalho, lazer e descanso. Nem que seja para desperdiçá-lo horas a fio diante da televisão. Cheio de compromissos e atividades, caminha sempre com pressa de chegar a algum lugar. Essa pressa contemporânea abstrai dos indivíduos o bom senso e o senso de urgência. Até os que são engajados em causas sociais e religiosas, no corre-corre do dia-a-dia, têm dificuldade de parar para socorrer os que se encontram *à beira do caminho*. Envolvidos em inúmeras atividades de assistência e de evangelização, não têm tempo para deixar-se levar pela compaixão.

No aspecto da impessoalidade, vemos que até as ações caridosas rumam à terceirização das responsabilidades: "Para que fazer pessoalmente se posso delegar a alguém?".

O bom samaritano até pagou para que fossem empregados os cuidados finais ao homem socorrido, mas, antes, ele mesmo deitou azeite e vinho nas feridas do outro, colocou-o sobre a sua própria montaria e levou-o a uma hospedaria. Não terceirizou o que poderia fazer. Nossa tendência atual, entretanto, é a terceirização como primeira opção. Até os pais terceirizam suas responsabilidades, passando para a escola a função que lhes compete de repassar a seus filhos a educação moral. Depois, delegam aos professores particulares o reforço escolar, que, muitas vezes, eles mesmos poderiam dar, e aos pedagogos, psicólogos e à Igreja a tarefa de entender seu filho e acompanhá-lo em suas crises.

Não que procurar ajuda não seja uma atitude amorosa. Pelo princípio da responsabilidade, devemos ir além de nossas fronteiras para procurar auxílio quando, sozinhos, não conseguimos êxito. Procurar ajuda é um sinal de humildade e interesse. Muitos casamentos, por exemplo, poderiam não ter acabado se o casal tivesse saído de si para procurar uma boa orientação. Entretanto, o que ressalto é que estamos cada vez mais impessoais e, conseqüentemente, omissos, delegando a um terceiro a parte do legado que nos compete.

Nesse contexto, fugindo do contato e do comprometimento pessoal, muitas vezes preferimos dar rapidamente algo para livrarmo-nos do pedinte. Não me estou manifestando contra a esmola. Ao contrário. Ela sempre será um santo sinal de caridade. Todavia, muitas vezes, damos esmola para livrarmo-nos de uma presença inoportuna, por temermos o contato com o outro, e não por intenção caridosa. A presença de um pedinte nos chama a *descer do cavalo*. Nossa esmola deve ser, sempre, um ato de generosidade, pois a atitude de dar para dispensar o outro é uma maneira de permanecermos *em nossa montaria* sem o peso na consciência de que negamos ajuda a alguém.

Nesse sentido, ao darmos uma esmola, deveríamos, ao menos, sorrir para o necessitado, perguntar seu nome, onde mora, sua naturalidade e, depois, ouvi-lo com atenção.

No seio familiar, muitas vezes damos esmolas para não ter de dedicar mais tempo ao outro. Muitos pais enchem seus filhos de presentes na tentativa de compensar sua ausência. E nunca compensarão. Outras vezes, permitem que façam algo que sabem não ser o mais correto ou próprio somente para evitar ter de sentar e discutir um *não*.

Como pais, ou no exercício de qualquer outro papel de autoridade, é preciso que saibamos que nossa função é suprir necessidades, e não desejos. Não falo apenas das necessidades físicas, falo destas e das sociais, afetivas, espirituais, entre outras. Necessidades legítimas, não provenientes de vícios e compulsões.

Algumas vezes, os desejos do outro e suas necessidades se confundem, e quem quer exercer a compaixão deve saber diferenciá-los. O desejo de alguém que sente dor sempre será o de alívio, mas, para salvá-lo, muitas vezes podemos precisar aumentar a sua dor com algum procedimento ou remédio. Outras vezes o desejo retrata a própria necessidade. É o caso de alguém que pede água depois de uma longa caminhada.

O ser compassivo percebe as necessidades legítimas e desce para supri-las.

Voltando à impessoalidade, em última instância ela nos afasta do outro e de nós mesmos. Quando evitamos o contato com o outro, evitamos enfrentar em nós nossas dificuldades. O que pensamos evitar na relação com o outro, na verdade estamos evitando em contatar dentro de nós. Enfrentar o outro é enfrentar-nos em nossas limitações, dificuldades e inseguranças.

Por isso, o retorno à pessoalidade de nossas ações é, por fim, um caminho de cura e crescimento pessoal. Na verdade, todo movimento de caridade é curativo para quem o pratica. Como já afirmamos, os mandamentos de Deus sempre têm duas vias: o outro e eu. Quando amo, sou curado e liberto. Na compaixão também. Quando socorro o outro, estou socorrendo e elevando não somente ele, mas também a mim, "para uma terra boa e espaçosa, terra onde corre leite e mel" (Ex 3,8a).

Colocar o *avental da caridade* é uma condição vital para os cristãos. Na verdade, é necessário estar sempre *de avental*. Sempre pronto para servir.

Na última ceia, Jesus veste seu *avental* e desce aos pés dos discípulos. Também por isso a Quinta-Feira Santa é a noite da compaixão. Diante do padecimento de seus amigos, Jesus esquece de si, de sua dor. O padecimento dos seus está no cansaço, na dúvida, na condição que leva à traição de um e à negação de outro, na imaturidade de todos.

Não estando *montado*, Cristo faz movimento similar de desprendimento (a caridade sempre requer desprendimento): "[...] tirou o manto, pegou uma toalha e amarrou-a à cintura" (Jo 13,4b). Sem o manto e de *avental*, Jesus abaixou-se para lavar os pés de seus amigos.

Depois, voltando a sentar-se com eles, revela-lhes tudo sobre si, seu Reino, seu Pai, sua Paixão, Morte e Ressurreição. E mais: fala do ódio do mundo e de seu amor. Conta-lhes da separação e do reencontro, e roga ao Pai pelos seus, implorando pela Unidade. Ele os alimenta com a verdade e, durante a refeição, dá-lhes seu corpo e seu sangue em pão e vinho (cf. Mt 26,26-28) e promete-lhes o Paráclito (cf. Jo 14,26).

Jesus é o verdadeiro bom samaritano. Seu movimento é sempre caridade, que requer desprendimento e doação. Ele se dá totalmente, sem medidas, até a cruz. E como se isso não bastasse, ressuscita para dar-nos o Paráclito, derramado em seu nome pelo Pai (cf. Jo 14,26). Além disso, deixa-se como alimento e bebida.

Por isso, na última ceia, o vinho e o azeite do bom samaritano estão presentes: o vinho no cálice levantado por Cristo e o azeite no pão, visto que era componente indispensável em sua preparação.

Na cultura judaica, azeite e vinho tinham várias representações e utilidades. Primeiramente, eram frutos comuns da colheita, tê-los era sinal de provimento. Com propriedades organolépticas, nutritivas e medicinais, eles eram utilizados na elaboração dos alimentos e nos cuidados com os machucados, especialmente na limpeza e proteção das feridas. Nas refeições, o vinho também era utilizado como bebida, e nas casas e no templo o azeite era necessário para a manutenção das lâmpadas.

Na vida religiosa, em toda a história do Povo de Deus, os dois elementos sempre estiveram presentes nas oferendas levadas ao templo e foram símbolos das maiores festividades. Com relação às últimas, podemos citar o festival de Chanuká, que, segundo a tradição judaica, foi instituído por Judas Macabeu, nas purificações do templo relatadas em 1Mc 4,41-61 e 2Mc 10,1-8. É uma festividade de sacrifícios, renovação e alegria, com o objetivo maior de preparar o caminho do Messias.

No Novo Testamento, azeite e vinho ganham valor maior. O vinho simboliza a purificação e o próprio Cristo, enquanto o azeite simboliza a santificação e o Espírito Santo.

Quando não estou *vestida com meu avental* e/ou *falta azeite e vinho*, meu humor logo é afetado e reclamo para fazer as coisas. Quero fazer o que sinto vontade, e não o que precisa ser feito. Meu egoísmo vai tomando espaço e meu orgulho se infla dentro de mim. Aos poucos, vou perdendo a paz e começo a reclamar da vida.

Se não soubesse que a origem de meu mal-estar é o desamor, poderia dizer que nessas horas passo a ver com clareza: percebo melhor as injustiças, as incoerências, as aberrações, os desequilíbrios, o feio, o sujo e o limitado de cada coisa, ou seja, o imperfeito. Porém essa aparente lucidez não é real. A realidade total somente o amor tem potencial para ver. Ele não fecha os olhos às imperfeições, mas vê além delas. *Colocando meu avental*, posso estar à vontade *de joelhos*. *De avental*, também estou adequadamente vestida para levantar qualquer vida do chão e pô-la *em meu cavalo*. Com *vinho e azeite*, estou pronta para enfrentar qualquer situação. Tê-los lembra-me, também, de que tenho suprimento material, afetivo e espiritual para repartir com meu irmão e, em última instância, potencial para procurar socorro maior e para *pagar a conta*, nem que seja com *especiarias* do meu coração, ou seja: posso pedir ajuda e oferecê-la, pois estou cheia das riquezas do alto e desprendida das riquezas da terra.

Como dissemos, a compaixão não se exercita apenas em abrigos, asilos e creches, nem se limita à assistência a pedintes, enfermos e necessitados. A começar por nossas casas, somos chamados a ver, ouvir e conhecer a dor daqueles que vivem conosco, *descer de nossos cavalos* e *ajoelhar-nos* para penetrar no universo do outro e tocá-lo com nossa compaixão.

No entanto, mesmo quando o padecimento é explícito, a sensibilidade do homem contemporâneo, ressequido pela iniquidade dos tempos atuais (cf. Mt 24,12), passa pela dor alheia mais como que diante de um espetáculo do que como uma realidade que requer uma resposta. Quando o padecimento é implícito, então, a situação é ainda pior, pois requer muito mais sensibilidade e percepção.

Voltando a nossos lares, onde convivemos com pessoas que amamos e conhecemos de longa data, seja diante da dor implícita, seja da explícita, encontramos tanta falta de compaixão que é até hilário esperar que no ambiente externo, diante de pessoas estranhas, possamos ser compassivos.

E perguntaremos novamente a Jesus: "E quem é meu próximo?" (Lc 10,29).

Nos asilos, encontramos pessoas que necessitam estar lá, pela sua condição e pela condição de sua família. No entanto, encontramos muitos que poderiam ter permanecido em seus lares. Vêm de famílias com possibilidade financeira de contratar alguém para os cuidados de assistência ao idoso sem que fosse necessário separá-lo do convívio familiar. Também encontramos pessoas saudáveis mental e fisicamente, que não precisariam de cuidados especiais e poderiam permanecer com os seus sem transtornos ou despesas maiores. Mesmo assim elas são rejeitadas e *desovadas* em uma instituição, com promessas de melhores condições de atendimento e visitas freqüentes, o que, na maioria dos casos, não acontece.

Os lares estão em crise. Não apenas para os idosos, mas para todos. Parece que as casas estão mais estreitas, frias, divididas e isoladas. As salas são para a decoração, não para as pessoas sentarem, olharem-se e interagir. Os quartos têm portas cerradas. As cozinhas, cada vez menores e vazias, não são mais feitas para que a família se reúna, para a elaboração dos alimentos, passando pelo ponto alto da degustação, e para, depois de muita partilha e risos em uma boa refeição, reunir-se novamente para lavar a louça e limpar os utensílios.

Reunir-se para orar, então, para a maioria é coisa do passado. O culto atual é aos aparelhos eletrônicos, especialmente de comunicação visual. A hora do lazer é vivida isoladamente, cada um em seu quarto, falando em seu celular, ouvindo o seu som, vendo a sua TV ou plugado em seu micro com o mundo globalizado, enquanto o mundo ao lado passa despercebido.

Os cômodos passaram a ser construídos e decorados para o indivíduo, não para a comunidade familiar, por isso neles não cabe, nem permanece, muita gente. O calor humano das aglomerações em casa é coisa do passado. Por outro lado, a família está cada vez mais isolada do contexto externo local (seja da vizinhança, seja dos parentes mais próximos), enquanto se conecta, pela mídia, com o mundo.

Por fim, sem tempo para estar junto, as pessoas que convivem diariamente nos lares não se percebem mais. Mesmo a dor explícita do outro em algumas realidades não consegue reunir a família em torno da *lareira afetiva*. A dor implícita, então, raramente é percebida, ou seja, normalmente não é valorada nem acolhida.

Isso porque *os cavalos* estão cada vez maiores e velozes, e a distância entre nós cada vez mais se agiganta. Passa-se tão rapidamente e ao largo dos demais que mal se pode perceber se eles cortaram o cabelo, mudaram de óculos ou de perfume. Em muitos lares, se alguém está cada vez mais infeliz, normalmente somente é observado quando sua dor se materializa de alguma forma.

Por isso somos chamados a ser agentes de transformação na reconstrução dos relacionamentos familiares e fraternos, resgatando valores e hábitos salutares e adequando-os à realidade contemporânea para construir uma vivência afetiva (familiar e comunitária) superior à estampada atualmente na maioria dos nichos, assemelhando-nos à imagem do Santíssimo e tendo como modelo a Sagrada Família.

Promover, acompanhar, formar e cuidar da família é prioridade da Igreja, assim como a juventude. Se esta última é a esperança da Igreja, a família é sua base. É na família que nascem as vocações individuais, que podem ser promovidas ou abafadas. Ela é fundamental para a construção da harmonia social, por ser o ambiente privilegiado onde se aprende a dar e a receber amor.[2]

Na Família de Nazaré, temos as virtudes primordiais para as três figuras básicas de uma família: uma mãe "cheia

---

[2] Palavras do santo Padre, papa Bento XVI, durante a Vigília de Oração em Valência (Espanha), por ocasião do *V Encontro Mundial das Famílias*, sábado, 8 de julho de 2006.

de graça" (Lc 1,28), um pai, ainda que adotivo, *justo* e um filho *obediente,* tanto a Deus (cf. Lc 2,49) quanto a seus pais (cf. Lc 2,51).

Dom Murilo Sebastião Ramos Krieger, arcebispo de Florianópolis, sabiamente fala em seus discursos sobre a questão da família, ressaltando que o Pai pediu que Jesus enfrentasse muitas coisas desafiantes, elencando sua encarnação como homem, seu nascimento em uma estrebaria, uma vida simples como carpinteiro, as tentações do deserto, a rejeição de sua cidade e dos sacerdotes da época, a traição e a negação dos seus amigos mais íntimos, a condenação injusta e a morte de cruz. Completa salientando que de uma coisa muito importante o Pai poupou seu Filho Unigênito: de, como homem, nascer e ser educado por uma família desestruturada.

Pela importância do papel social e espiritual que a família desempenha, faz-se necessário que sejam investidos grandes esforços dos evangelizadores em seu resgate, especialmente por estar sendo bombardeada por tantos apelos e desafios, em grande parte destrutivos da própria essência familiar e, conseqüentemente, do homem. A cada dia estou mais convencida de que quem quiser destruir o homem conseguirá atingir seu intento com eficácia destruindo a família.

Sabemos que, no sacramento do matrimônio, a família recebe abundante ajuda de Deus para autoconstruir-se, manter e promover, além de ter em seu percurso a Igreja como suporte para socorrê-la diante dos golpes que o mundo investe contra ela diariamente. Nesse sentido, as pastorais e os movimentos que lutam em prol da família agem como o bom samaritano, que arranja tempo para socorrer seus irmãos feridos. Da mesma maneira que cada indivíduo traz suas chagas pessoais, cada família tem suas dores, faltas e feridas próprias. Ciente de tamanhas necessidades, a *Comunidade Católica Abbá Pai* dedica grande parte de sua obra missionária, dentro do seu carisma de *proclamar o Amor, a*

Misericórdia do Pai, pela santificação das famílias, à formação e atendimento às famílias nucleares.

Falo de famílias nucleares (pai, mãe, filhos e irmãos), pois, em qualquer outra estrutura, o ser humano acaba por imprimir o modelo básico da célula familiar. Mesmo quem não vive em família ou não a constituiu é vocacionado a vivê-la em seus ambientes de relacionamento, pois eis que a estrutura trinitária é familiar, e a Trindade é nosso paradigma. Assim, em qualquer ambiente, seja no profissional, religioso ou comunitário, somos chamados a resgatar a essência familiar advinda da Santíssima Trindade.

Nesse sentido, a *Abbá Pai* também atua no resgate dessa identidade amorosa em segmentos familiares fragmentados e distantes do seio familiar, assistindo irmãos internados em entidades assistenciais e de reabilitação, sempre voltados a proclamar o amor, a misericórdia do Pai, e a resgatar em cada um o afeto por sua família nuclear e a vocação familiar universal, comum a todos os filhos do *Abbá*.

Mas o chamado à compaixão é para todos os cristãos, imbuídos cada qual das vocações que traz em si, tanto as gerais (ou seja: à vida, à fé, ao amor e à santidade) como as particulares, lembrando, ainda, dos carismas e dos ministérios. Como somos todos vocacionados ao amor, todos somos vocacionados à compaixão e a praticá-la no cotidiano da vida, conosco mesmos e com nosso próximo.

Entretanto, essa vocação somente será potencializada se andarmos revestidos da presença amorosa de Deus e de sua sabedoria. O apóstolo Paulo, na Carta aos Colossenses 3,12, exorta-nos: "[...] vesti-vos com sentimentos de compaixão, com bondade, humildade, mansidão, paciência". E Tiago (3,17) destaca: "A sabedoria, porém, que vem do alto é, antes de tudo, pura, depois pacífica, modesta, conciliadora, cheia de misericórdia e de bons frutos, sem parcialidade e sem fingimento".

Vivamos em Cristo a compaixão, e a cada momento percebamos quem é nosso próximo.

A misericórdia

*Mas, entre todas as virtudes relativas ao próximo,
a mais excelente é a misericórdia...*

Santo Tomás de Aquino*

De que eu teria medo? Oh! Deus infinitamente justo que se dignou perdoar, com tanta bondade, todas as faltas do filho pródigo, não será justo também para comigo, que estou sempre com ele?

Ó! meu Deus, fostes além de minha expectativa, e por mim quero cantar a vossa misericórdia.

Santa Teresinha do Menino Jesus

Enquanto a piedade é o sentimento de *pertença* que percebe e *interage* com a vida do irmão pelos parâmetros da igualdade, da semelhança e de nossas diferenças; a compaixão é o *sofrer com* pelo movimento de *penetrar* e *abaixar diante do padecimento para socorrer*; a misericórdia vem extrapolar nosso entendimento do amor, sendo o *hesed,*[1] que nos remete ao infinito quando propõe e realiza o ter *coração com a miséria,* também com vista à caridade.

Penso que o nível de amor *eros,* que simploriamente podemos dizer que seja um amor *por causa de,* e o nível de amor *ágape,* no seu *apesar de,* no advento da misericórdia, ficam englobados no amor *hesed,* que transcende a toda compreensão.

Diante da amplitude do amor *hesed,* somente poderá entender a misericórdia quem por ela for atingido em sua miserabilidade. Apesar de sermos verdadeiros miseráveis, míseros vermezinhos (cf. Is 41,14), pois tudo o que temos é dom de Deus, somente quando nossa pequenez torna-se explícita enxergamos a misericórdia de Deus, que é infinitamente constante e presente.

Mas o complemento, o aprofundamento desse entendimento somente se operará no coração daqueles que, atingidos pela misericórdia, sejam por ela seduzidos e se transformem em seus agentes.

Foi no experimento de minha miséria e da misericórdia divina que tornei-me sua discípula. Se precisasse, hoje, definir o que quero ser para a Igreja e para o mundo, não hesitaria em responder que quero ser para ambos a expressão melhor que posso oferecer da misericórdia. Querer

---

[1] *Hesed*₁: é um termo com dois significados fundamentais: misericórdia, que salienta o aspecto gratuito de benevolência; lealdade, que ressalta o compromisso (*Dicionário bíblico hebraico-português.* São Paulo: Paulus, 1997. p. 235).
*Hesed*₂: amor profundo, leal e eterno.
*Hesed*₃: fidelidade que brota de quem sente misericórdia.

ser a misericórdia não garante que o serei com eficiência e eficácia, nem com constância, mas mantém-me em seus trilhos, mesmo que eventualmente saia fora deles para, depois, voltar arrependida.

Quando nasceu o carisma da *Abbá Pai*, com a misericórdia em sua centralidade, passei a experimentá-la de forma extraordinária e a persegui-la em fraternidade, sabendo que *a terra prometida* é a própria misericórdia. Seguimos pelo mesmo traço da pessoa e da missão de Cristo, caminhando como nômades que sabem onde *jorra leite e mel*. Mais do que isso, caminhamos sabendo que o mundo precisa dessa *terra* e de suas abundâncias.

No início da década de 1980, o saudoso papa João Paulo II aprofundou o tema da misericórdia na carta encíclica *Dives in Misericordia*.[2] Nela, o santo Padre lembrou que é preciso que o rosto genuíno da misericórdia seja sempre descoberto de maneira nova. Não obstante vários preconceitos, a misericórdia apresenta-se como particularmente necessária nos nossos tempos, afirmava.

Mas a matriz de toda misericórdia nasce no coração de Deus.

Realmente, estou convencida de que nossos tempos necessitam descobrir de maneira nova a misericórdia do Pai, revelada em Jesus Cristo e recordada pelo Espírito Santo. Há uma sede e uma fome que imperam no mundo pós-moderno que somente serão saciadas pela atualidade desse despertar do amor infinitamente misericordioso que sempre esteve, está e estará conosco.

A *Dives in Misericordia* afirma que na misericórdia do Senhor para com os seus manifestam-se todos os matizes do amor. Olhando para o Antigo Testamento, a mesma encíclica recorda que, na pregação dos profetas, a misericórdia

---

[2] [*A misericórdia divina*]. Carta encíclica de 30 de novembro de 1980. São Paulo: Paulinas, 1998. (Col. A voz do papa, n. 96.)

significa a especial força do amor, que prevalece sobre o pecado e sobre a infidelidade do povo eleito, enquanto, no Novo Testamento, em Cristo e por Cristo, Deus, com sua misericórdia, torna-se também particularmente visível. Além disso, lembra que Jesus ainda faz da misericórdia um dos principais temas da sua pregação.

Por fim, o santo Padre vai ao centro de outra questão ao afirmar que a misericórdia manifesta-se com a sua fisionomia característica quando reavalia e sabe tirar o bem de todas as formas de mal existentes no mundo e no homem.

Realmente, essa é, por fim, a grande missão salvadora da misericórdia: encontrar o bem escondido nas pessoas e na sociedade, que se desfiguram pelo mal que as agride e degrada. A beleza do bem escondido em todas as coisas somente será vista e trazida à luz pela misericórdia. Quando a misericórdia toca a miséria, reconhece a vida por ela atingida, dignifica-a, promove-a e eleva à beleza do amor.

Por tudo isso, quando se pensa em misericórdia, fica até difícil escolher uma passagem bíblica, seja do Antigo, seja do Novo Testamento, pois toda ação de Deus nos remete à sua misericórdia, visto ser ela o pano de fundo da história da salvação humana.

Quando entramos no Novo Testamento, então, a dificuldade passa a ser ainda maior, pois Cristo é a mais pura expressão da misericórdia do Pai, e todo o seu proceder é com vista a manifestar este amor infinito e incondicional do *Abbá*.

Todavia, selecionei duas passagens que traduzem com propriedade essa misericórdia do Pai e do Filho por toda a humanidade para revermos juntos; passagens que também são destacadas por João Paulo II na *Dives in Misericordia*.

Na primeira, vemos Jesus, em sua busca por explicar a misericórdia do Pai, mencionar a parábola do filho pródigo. Sobre essa menção de Cristo iremos nos debruçar logo mais, a fim de penetrarmos nesse mistério de amor imenso de nosso Deus, que, em sua misericórdia, prefere sua condição de Pai (cf. Mt 6,9) e Amigo (cf. Jo 15,15) à de Senhor.

Ressalto que também escolhi tal trecho do evangelho de Lucas por ser a passagem bíblica que define a profundidade do carisma *Abbá Pai*.

A segunda retrata alguns dos momentos vividos por Jesus na cruz: sendo injustiçado, torturado e pregado no madeiro, clama pela misericórdia do Pai a seus algozes (cf. Lc 23,34a) e estende sua misericórdia ao bom ladrão (cf. Lc 23,43).

Quanto à parábola do filho pródigo, a *Dives in Misericordia* atém-se detalhadamente ao enredo traçado por Jesus, lembrando que nesta parábola é retratada a essência da misericórdia divina e que, embora no texto original não seja usada a palavra *misericórdia*, nela a misericórdia aparece de modo particularmente claro.

A encíclica lembra que o pai do filho pródigo é fiel à sua paternidade, fiel ao amor que desde sempre tinha dedicado a seu filho. Tal fidelidade manifesta-se na parábola não apenas na prontidão em recebê-lo em casa, quando volta após ter esbanjado a herança, mas sobretudo na alegria e no clima de festa tão generoso para com o esbanjador que regressa. Essa atitude provoca até a inveja do irmão mais velho, que nunca se tinha afastado do pai nem abandonado a casa paterna.

E destaca que "a fidelidade a si próprio por parte do pai — traço característico já conhecido pelo termo do Antigo Testamento 'hesed' — exprime-se de modo particularmente denso de afeto".

Por fim, a encíclica da misericórdia irá observar que é esse amor para com o filho que irá desvelar a sua dignidade. Esse amor, dizia João Paulo II, é capaz de debruçar-se sobre todos os filhos pródigos, sobre qualquer miséria humana e, especialmente, sobre toda miséria moral, sobre o pecado. Quando isso acontece, aquele que é objeto da misericórdia não se sente humilhado, mas como que reencontrado e revalorizado. Na década seguinte, padre Henri J. M. Nouwen deixou uma bela leitura das entrelinhas da parábola feita no livro *A volta do filho pródigo: a história de um retorno para casa*.[3] Poucos anos antes de nascer a Comunidade Católica Abbá Pai, ouvi falar pela primeira vez desse livro numa formação para pregadores da Renovação Carismática Católica, ministrada por padre Siro Manoel de Oliveira, que tempos depois viria a ser orientador espiritual de nossa Comunidade. Com muita profundidade, padre Henri conseguiu retratar nossa humanidade na figura dos filhos traçados pela parábola, propondo-nos assumir a condição amorosa do pai, imagem da misericórdia divina.

Enquanto escrevia este livro, o mundo recebeu[4] a mensagem do papa Bento XVI em preparação ao LXXX Dia Missionário Mundial, intitulada *A Caridade, Alma da Missão*, que traz a reflexão sobre a misericórdia e a prodigalidade atual (n. 2): "Graças a Cristo, Bom Pastor que não abandona a ovelha perdida, aos homens de todos os tempos é conferida a possibilidade de entrar em comunhão com Deus, Pai misericordioso, pronto a acolher novamente em casa o filho pródigo".

Quando já adentrava no nível de aprofundamento no amor da misericórdia, o mundo recebeu mais uma manifestação do papa Bento XVI, reafirmando a atualidade dessa parábola, proferida na homilia da Vigília de Pentecostes de 2006, durante o encontro com os movimentos. Nela, nosso santo Padre afirma que a esmagadora maioria dos homens tem o mesmo conceito de vida do filho pródigo no Evangelho.

---

[3] NOUWEN, Henri J. M. *A volta do filho pródigo:* a história de um retorno para casa. Trad. Sonia S. R. Orberg. São Paulo: Paulinas, 1997.

[4] Vaticano, 29 de abril de 2006, em preparação ao dia 22 de outubro de 2006. Livraria Editrice Vaticana.

Destaca que a partida do filho pródigo vincula precisamente os temas da vida e da liberdade, o modo como o filho deseja a vida e quer ser totalmente livre, o que para ele significa poder fazer tudo o que deseja; não ter de aceitar qualquer critério fora e acima de si; seguir exclusivamente o seu desejo e a sua vontade. E adverte que aquele que vive assim embater-se-á depressa com o outro que quer viver da mesma maneira, chegando à violência, à destruição recíproca da liberdade e da vida.

Por fim, conclui:

> Ao contrário, a Sagrada Escritura une o conceito de liberdade ao de progenitura. São Paulo diz: "[...] vós não recebestes espírito de escravos, e para recairdes no medo, mas recebestes o Espírito que, por adoção, vos torna filhos, e no qual clamamos: Abbá, Pai!" (Rm 8,15).

Nesta parte de nosso caminhar pelos níveis de aprofundamento no amor não repetirei o descortinar já feito à parábola pelos papas ou pelo padre Henri. Apenas quero relembrar essa passagem, despretensiosa e singelamente, por entender que ela é ponto fundamental na revelação da misericórdia do Pai.

Assim, convido-o a ler comigo o narrado por Cristo nessa bela parábola (Lc 15,11-32), que é, em todos os tempos, rico ensino da misericórdia.

Vamos lê-la lentamente:

> Um homem tinha dois filhos. O filho mais novo disse ao pai: "Pai, dá-me a parte da herança que me cabe". E o pai dividiu os bens entre eles. Poucos dias depois, o filho mais novo juntou o que era seu e partiu para um lugar distante. E ali esbanjou tudo numa vida desenfreada. Quando tinha esbanjado tudo o que possuía, chegou uma grande fome àquela região, e ele começou

a passar necessidade. Então, foi pedir trabalho a um homem do lugar, que o mandou para seu sítio cuidar dos porcos. Ele queria matar a fome com a comida que os porcos comiam, mas nem isto lhe davam. Então caiu em si e disse: "Quantos empregados do meu pai têm pão com fartura, e eu aqui, morrendo de fome. Vou voltar para meu pai e dizer-lhe: 'Pai, pequei contra Deus e contra ti; já não mereço ser chamado teu filho. Trata-me como a um dos teus empregados'". Então ele partiu e voltou para seu pai. Quando ainda estava longe, seu pai o avistou e foi tomado de compaixão. Correu-lhe ao encontro, abraçou-o e o cobriu de beijos. O filho, então, lhe disse: "Pai, pequei contra Deus e contra ti. Já não mereço ser chamado teu filho". Mas o pai disse aos empregados: "Trazei depressa a melhor túnica para vestir meu filho. Colocai-lhe um anel no dedo e sandálias nos pés. Trazei um novilho gordo e matai-o, para comermos e festejarmos. Pois este meu filho estava morto e tornou a viver; estava perdido e foi encontrado". E começaram a festa. O filho mais velho estava no campo. Ao voltar, já perto de casa, ouviu música e barulho de dança. Então chamou um dos criados e perguntou o que estava acontecendo. Ele respondeu: "É teu irmão que voltou. Teu pai matou o novilho gordo, porque recuperou seu filho são e salvo". Mas ele ficou com raiva e não queria entrar. O pai, saindo, insistiu com ele. Ele, porém, respondeu ao pai: "Eu trabalho para ti há tantos anos, jamais desobedeci a qualquer ordem tua. E nunca me deste um cabrito para eu festejar com meus amigos. Mas quando chegou esse teu filho, que esbanjou teus bens com as prostitutas, matas para ele o novilho gordo". Então o pai lhe disse: "Filho, tu estás sempre comigo, e tudo o que é meu é teu. Mas era preciso festejar e alegrar-nos, porque este teu irmão estava morto e tornou a viver, estava perdido e foi encontrado".

Como já sabemos, esta parábola traz três grandes personagens: o filho mais moço, o filho mais velho e o pai. Na primeira vez que estudei a parábola, percebi que eu vivia mais a dimensão do filho mais velho: rígido, perfeccionista e ressentido. E que, especialmente pela perda e pelo fracasso, pude fazer o caminho do filho mais moço e levar meu filho mais velho redimido a entrar na festa. Hoje, já consigo sentir-me o pai, na maioria das vezes, aprendendo a deixar partir, dividir o meu patrimônio e ser deixada, olhar o horizonte, correr para o encontro, lançar-me ao pescoço, beijar e fazer a festa da misericórdia.

Mas sempre volto à condição de filho. Que vai, volta, não quer entrar em casa e acaba por ceder ao convite insistente do *Abbá*.

Olhando a palavra misericórdia, podemos pensar que o primeiro ponto perante o qual age a misericórdia seja a penúria, a miséria clássica. Mas, na parábola, ela começa diante da arrogância. O primeiro ato de misericórdia do pai não foi o de correr ao encontro do filho miserável, mas o de deixar o arrogante desejar a sua morte, pegar o que ainda não lhe pertencia e ir embora.

Se o primeiro erro do pródigo foi querer a liberalidade, a começar por querer o que não era seu, antecipadamente, como que desejando a morte do pai, para depois partir para bem distante, o primeiro ato de misericórdia do Pai foi o de dividir o que era seu com o ingrato e presunçoso e deixá-lo partir.

Essa concessão de direitos indevidos que o pai oferta ainda me incomoda, mas esforço-me para imitar. Na verdade, ao fazê-lo como o pai, somos os maiores beneficiados, mesmo que tenhamos algumas perdas. Ao conceder a liberdade, deixando partir o que quer liberalidade, por exemplo, tornamo-nos verdadeiramente livres.

Se, como vimos, a gratidão é o primeiro passo no amor, a ingratidão é seu primeiro desafio, e o ingrato, o primeiro necessitado de misericórdia, pois ele é o verdadeiro miserável, visto que é desprovido até do mínimo do amor. E, como sabemos, a ingratidão, em si, é arrogante e presunçosa. Dar ao outro o que não lhe caberia receber, aceitar sua rejeição e desconsideração e deixá-lo partir livremente é nosso primeiro desafio na misericórdia.

O segundo movimento de misericórdia é ficar olhando para o horizonte para ver de longe quem volta. Conta Jesus que o filho estava ainda longe quando seu pai o viu. Não o teria visto se não olhasse para o horizonte. É normal que, mediante a ingratidão, a arrogância e o desrespeito, percamos a esperança. Olhar para o horizonte é o olhar de esperança. Somente ela vê quem vem ao longe antes dos demais.

O filho mais velho já havia perdido a esperança e por isso não estava preparado para a misericórdia. Nem olhava mais para o horizonte. Assim, somente soube da volta do irmão quando a festa já havia começado. E, ao sabê-lo, ainda não pôde visualizar pelos olhos da fé e do amor, sendo que a esperança para tanto é condição essencial. Como podem sobreviver a fé e o amor sem uma espera paciente e confiante? Em sentido oposto, não quis vê-lo. Dos três, contudo, o maior e o que sempre permanecerá será o amor (cf. 1Cor 13,13). Todavia, na falta da esperança, amar torna-se mais difícil, pois, como o próprio apóstolo Paulo frisou, *o amor tudo espera* (cf. 1Cor 13,7).

Ver ao longe é ver com os olhos da fé, da esperança e do amor. Uma visão larga, ampla e profunda. É, na verdade, uma visão da alma (especialmente do coração) e do espírito. A visão da carne e do mundo é uma visão limitada: vê até a aparência. Somente a visão da fé, da esperança e do amor vê além das aparências, enxergando até longe.

Essa capacidade, ou melhor, essa disponibilidade para estar *em casa* a fim de esperar, olhar e ver o outro é movimento de misericórdia. Esse *estar em casa* significa muitas coisas. Na música *Volta pra casa*, do primeiro CD musical da *Abbá Pai*, composição de Bernardo E. S. Júnior, cantamos "[...] volta pra casa, volta a ser feliz!". Estar *em casa*, em última instância, é estar à disposição da felicidade. Muitos acham que se deve perseguir a felicidade como algo fora e distante de nós. A felicidade, no entanto, é algo que se tem *em casa*, e a nossa primeira *casa* é o nosso coração. Em vez de persegui-la, precisamos deixar-nos alcançar por ela. Deixar-se alcançar, nesse caso, é deixar ser revelado onde ela sempre esteve: dentro de nós.

Estar *em casa*, então, é estar disponível. O pai não estava longe e ocupado no campo, como seu filho mais velho. Muitas vezes não estamos disponíveis à misericórdia porque estamos longe do essencial em nossas vidas e ocupados com *o campo*, não com *a casa*, mesmo que *no campo* trabalhemos para manter *a casa*. É claro que *a casa* precisa ser mantida, mas *o campo* é apenas um meio, não o fim. O filho mais velho estava centrado nas preocupações do campo, na perda do patrimônio gerada pela partida do irmão, bem como em sua ingratidão, arrogância e a péssima administração dos bens tirados da família. Preocupava-se, ainda, com os novilhos não ofertados a si. Seus olhos estavam fechados para o ser do irmão que, como o pai vai poetizar, *estava morto e reviveu; tinha-se perdido e foi achado.*

Quantas vezes somos procurados por alguém que espera encontrar um coração que o acolha e não estamos *em casa*. Nosso coração está vazio ou entulhado *da colheita*, mas nós mesmos não estamos nele.

O filho mais velho até volta em direção à casa e aproxima-se dela, mas, como lemos, não entra. Depois de muito ouvir e cantar a música *Volta pra casa*, cuja letra reproduzo a seguir, cheguei à conclusão de que, voltando *para casa*, é preciso *entrar* e, *entrando*, *voltar-se* para quem e o que está *dentro dela*.

Um dia eu decidi partir e me entregar
Ao mundo e suas coisas sem pensar.
E eu disse, Pai me dê a parte do que é meu.
Não quero nem saber do sofrimento seu.

Festei, me diverti, gastei todos os bens
E sem olhar a quem, só destruí.
No fundo onde cheguei, uma voz dentro de mim
Dizia docemente: "Não é ainda o fim".
Volta pra casa, volta pra casa do Pai.
Volta pra casa, volta a ser feliz.
Volta pra casa, o Pai te chama,
Ele te ama e tem saudades de ti.

Volta pra casa, volta pra casa do Pai.
Te entrega todo, de corpo e coração.
Volta sem medo para os seus braços,
Que num abraço terás a salvação.

Olhei em minha volta, ninguém pra me ajudar.
E a voz dentro de mim, ainda a sussurrar:
"Na casa do teu Pai, não és tratado assim,
Jogado, sujo, desprezado pelo mundo, sim".

Então me decidi, ao Pai vou retornar,
Vou-lhe pedir perdão e recomeçar.
Preciso do seu amor, misericórdia e compaixão.
Pois só Nele encontro a vida e o abrigo ao coração.

Voltei pra casa, voltei pra casa do Pai.
Voltei pra casa, agora sou feliz.
Voltei pra casa, Pai, eu te amo,
Por ti eu chamo, tenho saudades de ti.

Voltei pra casa, voltei pra casa do Pai.
Me envolveu todo, no seu amor sem fim.
Veio correndo, ao me ver longe,
Cobriu-me de beijos. "Filho, eu estou aqui".

O filho mais jovem, apesar de ter agredido emocionalmente o pai e danificado seu patrimônio, a partir de um encontro com sua miséria e a misericórdia do pai, volta verdadeiramente para casa e entra para estar com o pai e com tudo o mais que está dentro dela.

Não se pode esquecer, no entanto, que voltar para *casa* é um processo extremamente árduo para todos nós, homens e mulheres de um mundo frenético, que nos arrasta para longe de nós mesmos. Frutos de uma educação não libertadora, mas condicionadora e castradora, não somos livres para ouvir a voz do coração. E aquilo que pensamos ser esta voz pode ser muitas outras vozes, como a de sonhos e desejos não verdadeiramente provindos das nossas vocações e da nossa verdadeira identidade. Estamos tão desconectados de nossa essência e conectados em outras (do mundo, da moda, de preconceitos, de predefinições familiares etc.), que não sabemos para onde ir e, se pensamos saber, podemos estar equivocados quanto a nós mesmos. *Voltar para a casa* é voltar para nossa essência, para nossas vocações, para nossa autêntica identidade.

O pai, além de estar em casa, com os olhos no horizonte, foi movido de compaixão e correu ao encontro do achado e renascido, lançando-se-lhe ao pescoço e beijando-o.

Com essa atitude, o pai extravasa o que guardava *dentro de casa*. Como já vimos, a compaixão precede a misericórdia, assim como a piedade, a compaixão. Nesse norte, poderíamos dizer que, quando ele reconhece o filho como sua pertença, existiria a piedade; quando ele vê o padecimento e corre para socorrer, teríamos a compaixão; e quando ele restitui-lhe a dignidade e faz festa, chegaríamos na misericórdia. Na verdade, essas etapas de aprofundamento no amor que denominamos piedade, compaixão e misericórdia são divisões pedagógicas, estabelecidas para ajudar-nos na compreensão da profundidade do amor de Deus, que sabemos ser piedoso, compassivo e misericordioso. Não apenas o amor divino, mas a potencialidade do amor humano, à sua imagem e semelhança.

Como já refletimos anteriormente, a misericórdia não começa apenas depois que o pai corre movido de compaixão, pois ela já estava desde sempre, especialmente destacada na saída do filho mais moço.

Quando corre ao encontro de seu filho, o pai se aproxima verdadeiramente, pois ao lhe chegar junto lança-se-lhe ao pescoço e beija-o. A misericórdia, assim como a compaixão, leva-nos à proximidade e à afetividade, e traduz-se em carinho e acolhimento.

Nesse acolher, o pai, primeiramente, reconstitui-lhe sinais da dignidade de filho para, depois, extrapolar fazendo festa. O crime do filho, a seus olhos, era menor do que sua presença viva. Por isso, ele destaca ao irmão mais velho a importância de tê-lo encontrado vivo.

O filho que volta parece estar verdadeiramente arrependido e não volta com condições arrogantes, como quando da partida. Sabedor da bondade do pai, quer ser apenas um empregado. Seu reconhecimento e suas pretensões modestas podem induzir-nos a concluir que somente poderá haver misericórdia quando há arrependimento sincero. Concordo que a plenitude da misericórdia somente se operará nessa condição. Isso serve tanto para as nossas faltas para com o outro como para as com Deus. Somente saborearemos a plenitude da misericórdia se nos arrependermos com todo o nosso coração e razão e se, como o filho mais moço, transformarmos esse arrependimento de consciência e sentimento em atitude.

O filho que cai na miseralibidade vence o orgulho, o comodismo e o medo e volta ao coração vitimado do pai e à casa que ele outrora havia dilapidado, para pedir perdão e ajuda. Todavia, a misericórdia do pai não se condiciona à volta arrependida e humilde do filho, pois ela já se manifesta desde sempre, até mesmo perante sua altivez e presunção.

Outro ponto interessante é que o pai, ao correr ao encontro do filho, ouve o que o filho tem para falar, mas não se atém apenas ao que ele pede. Vai além, pois é generoso:

presenteia-o com a melhor veste, anel e sandálias e manda matar um novilho gordo. O irmão mais velho ouve as músicas e o som das danças, mas não quer ver nem ouvir seu irmão. Ele está fechado, cego e surdo. Assim, antecipadamente, nega-lhe qualquer atenção ou benefício.

Iniciada a festa da misericórdia, o pai depara-se com a miséria da mesquinhez afetiva, espiritual e material do filho mais velho e do grande ressentimento deste para com o irmão mais moço e para com seu próprio pai. Mais uma vez, o Pai sai da casa, agora ao encontro de seu filho mais velho, mesmo que este, contrariamente ao outro, não esteja arrependido. Ainda assim, insiste para que o filho mais velho entre em casa, veja e ouça o irmão achado vivo e saudável, comungue da festa e vivencie o momento como merece ser vivenciado. A Palavra diz que, além de insistir, o pai explica-lhe o motivo de sua alegria. Mas não sabemos se o filho mais velho o entendeu e atendeu a seu pedido.

A grande ferida do filho mais velho é seu orgulho machucado, reiteradamente, ao longo do tempo, especialmente com a partida do irmão mais moço, o prejuízo que causou à família, o perdão rápido do pai ao desordeiro e pródigo arrependido e seu sentimento de menos valia perante o homenageado, considerando achar que não fora cuidado da mesma forma, apesar de que, a seus olhos, merecesse muito além, especialmente por não ter tido a mesma irresponsabilidade e aventura. Seu orgulho transmuta-se, então, em inveja, ciúme, moralismo, legalismo e perfeccionismo.

Aqui, vamos falar um pouco de humildade.

Não tenho dúvida de que a opção pelo amor, em todos os seus níveis, e pela humildade sejam posturas inseparáveis. Assim, a humildade é condição para a vivência e o aprofundamento no amor, da gratidão à misericórdia. No entanto, deixei para enfocá-la somente agora por entender que é muito mais desafiada na misericórdia. Diante da miséria, especialmente a destilada na ofensa, nosso orgulho é especialmente ameaçado. Aqui, destaca-se mais ainda a miséria do pecado, pois este ou adula ou machuca diretamente o ego. Perdoar, sem dúvida, é uma opção que existe em nosso ego, e também no orgulho, seu maior inimigo.

Todavia, seja qual for a natureza da miséria, ela afetará nosso orgulho e o instigará. Por isso, quanto maior a miséria, maior terá de ser nossa humildade para podermos amar. Mas que é a humildade? Em outro livro,[5] dediquei um capítulo ao tema, na tentativa de defini-la. Numa abordagem e compreensão mais aprofundada, entendo humildade como a condição para a verdadeira liberdade. Quando desço à humildade, crio asas para voar e ser livre. Ao contrário do que nosso ego nos leva a pensar e sentir, o orgulho não nos liberta, escraviza.

Quando adoto a humildade como minha postura de vida, sou chamado a permanecer nela, por mais tentador que seja abandoná-la. Enquanto permaneço na humildade, minhas asas crescem e o caminho vai sendo desobstruído. Quando abandono a humildade e me deixo alucinar e/ou atormentar pelo orgulho, caio como a serpente do Gênesis, rastejando e destilando veneno. Além disso, os obstáculos vão-se agigantando e não consigo transpô-los.

Se para abraçar a humildade devo descer para ser elevado, para abraçar o orgulho elevo-me para cair envenenado.

Defrontamo-nos diariamente com a miserabilidade física, cultural, material, moral, ética, afetiva e espiritual. Principalmente quando nos constrange, acusa e machuca, somos convidados a amar o ser humano que a vive, ainda que este seja nós mesmos. Isso é misericórdia. Se não acolhemos com o coração o que padece de miséria, é porque o orgulho, pai de toda ilusão, ainda nos engana.

---

[5] *Descobrindo o caminho da espiritualidade*. São Paulo: Paulus, 1999.

Nesse prisma, a humildade é lucidez. Não a lucidez dos críticos, mas a dos cientes. Essa ciência, como salientou Jesus, foi ocultada dos ditos sábios e revelada aos humildes (cf. Lc 10,21). Até porque a sapiência do mundo não está ao alcance de todos, mas a humildade está, pois todos podem descer até ela.

Há muitas leis espirituais em que os caminhos são inversamente proporcionais à lógica do mundo em que vivemos. Como lembra Jesus, seja o último quem quer ser o primeiro, sirva quem quer ser servido (cf. Mc 9,35). No espírito do poeta Francisco de Assis, é dando que se recebe; perdoando, somos perdoados; morrendo, vivemos (cf. Lc 6,37; 9,24). Assim também na humildade e no orgulho: abaixo-me para ser elevado e elevo-me para ser abaixado.

Ademais, especialmente quando humilhado, o orgulho nos oprime de tal forma que é capaz de aniquilar-nos e nos enlouquecer. A humilhação nos lança de encontro à nossa própria miséria de tal maneira que torna o orgulho quase irresistível.

Se mesmo no sincero propósito de viver a humildade a miséria encontrada em nossa realidade ou na do outro pode conduzir-nos ao orgulho, até para aqueles que permanecem firmes na humildade, a humilhação pode fazê-los sucumbir. Fazer o movimento de descer à postura humilde por opção própria, muitos o conseguem com uma relativa facilidade. Entretanto, permanecer na humildade humilhado pela miséria alheia torna a opção mais desafiadora. Resistir na humilhação é missão que parece impossível. Mas não é, pois somos feitos para a humildade, assim como somos feitos para o amor, seja na empolgação de quando nos decidimos por eles, seja nos desafios do cotidiano do amar, mesmo naqueles momentos em que a miséria e a humilhação parecem vencer nossa resistência.

Nesse prisma, a miséria e a humilhação sempre serão um convite e uma oportunidade de aprimorarmo-nos na humildade, sabendo que, quanto maior o desafio, maior o aprendizado.

Outro ponto que precisa ser ressaltado é que, quando somos agredidos pela miséria do mundo e do homem que o constrói, fica ferida nossa sensibilidade egoísta. Quanto maior esse tipo de sensibilidade, maior nosso orgulho. Chamo-a de *sensibilidade invertida* ou *sensibilidade egocêntrica* porque ela se abre apenas na direção de receber, não de dar. Não é a sensibilidade da gratidão, da piedade, da compaixão e da misericórdia. É a sensibilidade da vitimização, do ressentimento, da indignação e, talvez, quem sabe, até do ódio.

A luta para aplacar essa sensibilidade interior é racional, emocional e espiritual. Em minha batalha diária, tenho como armas meus pensamentos de altruísmo e humildade e meus sentimentos mais nobres e cristãos. A grande força, todavia, advém quando dobro meus joelhos para orar pedindo a paz que vem do amor, que é a única paz verdadeira e o grande milagre a ser almejado diariamente.

O trauma que a ausência de misericórdia produz e a diferenciação entre a misericórdia e a conivência são realidades que também precisam ser analisadas.

O desamor é, entre as misérias existentes, a maior delas. Nossas experiências com essa espécie de miséria traumatizam-nos de tal maneira que, enquanto não crescemos com elas, acabamos por repeti-las, no desejo inconsciente de voltar à dor e extirpá-la, mas isso acaba por renová-la em nós e propagá-la. Assim, enquanto não há aprendizado, acabamos por ser meros difusores do desamor. É nesse movimento que dizemos que a violência gera violência.

Foquemos, aqui, a falta de misericórdia que encontramos no mundo. Quando erramos, algumas pessoas e Deus nos perdoam, mas o mundo em si não nos perdoa. Ele muitas vezes é conivente com nosso pecado, mas não é misericordioso. A falta de recebimento de misericórdia nos agride tanto que nos tornamos carentes dela. A ausência de experiências amorosas obstrui o fluxo do amor e definha nosso potencial à misericórdia. Além disso, ocorre uma espécie de vingança inconsciente generalizada: "Se não foram misericordiosos comigo, não o serei com os demais". Ao contrário, o experimento da misericórdia desperta-a em nós, pois que ela sempre está latente em nossos corações.

Por outro lado, a misericórdia não é conivente com o desacerto. Ela não camufla nem justifica o pecado, apenas crê na redenção, que sempre começa no arrependimento sincero e deve chegar à restituição do que foi danificado, ou, pelo menos, na compensação, caso seja possível, do que foi corrompido ou perdido. Sendo assim, existe o que chamamos de *chicote da misericórdia*, pois ele é profético e não pode deixar de denunciar o que tem de ser denunciado e corrigir o que tem de ser corrigido, sempre com o fito de salvar o ser humano e toda a humanidade, objetos da misericórdia divina.

Padre Pio era assim: dotado do *chicote da misericórdia*, dizendo ao pecador que ele estava pecando e indo direto à ferida a fim de que ela fosse curada. Infelizmente, usa-se da Palavra de Deus em diversas situações para fazer ou defender o que está errado. Com a compreensão e prática da misericórdia não é diferente: protesta-se por misericórdia, muitas vezes, com vista à conivência, e aquela não se coaduna com esta.

Contudo, o segredo santo do *chicote da misericórdia* é exatamente usá-lo por misericórdia e com misericórdia, ou seja, por amor e com amor, com vista à salvação. A correção sem amor fere sem edificar. A correção com amor pode até ferir, como o médico ou enfermeiro que faz doer a ferida ao limpá-la ou cauterizá-la, mas visa a edificar.

No entanto, a intenção não nos garante aprovação e sucesso. Isso dependerá muito do público receptor. O discurso de Pedro em Pentecostes (At 2,14-36) e o de Estêvão diante do Grande Conselho (At 7,2-53) são exortações dotadas de misericórdia. O primeiro produziu conversões e o último, revolta e apedrejamento até a morte. O *chicote da misericórdia* nessas duas situações foi dirigido a públicos diferentes e recebeu respostas diversas. Por isso, por mais que nossa ação seja profética, por amor e com amor, não temos a garantia de que nosso alvo será edificado.

Outro ponto que precisa ser pincelado diz respeito aos quatro grandes inimigos da misericórdia já citados: perfeccionismo, legalismo, moralismo e individualismo. Todos eles enraizados na base de todo desacerto humano: o orgulho. A misericórdia se atém apenas a uma perfeição: a vida. O Pai da parábola releva todas as outras imperfeições diante da vida que volta. O filho estava possivelmente desfigurado, além de empobrecido e fracassado, mas o mais importante ao pai foi tê-lo reencontrado *são e salvo*.

Depois que enterramos nosso primeiro filho, Samuel, passamos a ser menos perfeccionistas e a ater-nos mais às pessoas do que às formas e aos detalhes. Quando nossa vida floriu com a chegada de Mariah e André, encontramos nova oportunidade de despir-nos ainda mais do perfeccionismo. Todos os pais sabem que os filhos pequenos estão sempre *quebrando o protocolo*. Regurgitam nas roupas novas logo que saímos de casa, riscam as paredes, choram em solenidades e em horas impróprias, são extremamente espontâneos, ferem quase todas as etiquetas, fazem-nos correr atrás deles em lugares reservados e *pagar tantos micos* que até perdemos a noção do ridículo e passamos a achar muitas situações imperfeitas aceitáveis. Essa quebra do *perfeitinho* é uma das maiores contribuições desses pequenos, pois apontam-nos para a valoração do principal: a vida.

Se o perfeccionista, de uma certa maneira, privilegia a aparência, o moralista e o legalista também, porque ficam *na casca* das ações, não em sua essência. Acabam atendo-se aos detalhes do formalismo moral e legal e não ultrapassam essa barreira para ver o que está nu, atrás *da casca*. Assim, o moralista e o legalista, sem saber, desprivilegiarão a vida que se esconde por detrás das condutas. Por se considerarem como juízes acima da vida, elevam-se à condição divina e irão sucumbir, envenenados.

Por fim, resta o individualismo, fechado em si mesmo e em suas necessidades, sempre maiores e mais relevantes do que as dos demais. Centrado em si, o individualista é ingrato como o filho mais moço, ciumento como o filho mais velho e, por ser diferente do pai, não repartirá seus bens, não sairá de casa para aproximar-se do que volta, não gastará com presentes e festa, nem sequer perderá um pouco da festa para exortar o ressentido, mas sempre cobrará de todos misericórdia para consigo.

Todavia, esses predicados limitadores somam-se no interior de milhares de homens e mulheres. Na verdade, em todo ser humano. Todos nós, cada um a seu modo, temos doses de perfeccionismo, moralismo, legalismo e individualismo. Para a misericórdia crescer, esses entraves precisam decrescer. Para decrescerem, nosso experimento com o amor e nossa resolução em aprendê-lo e praticá-lo precisam agigantar-se um pouco cada dia.

Essa misericórdia, por sua vez, retrata tanto uma expressão paterna como materna de Deus, o Amor-pessoa.

Quando falamos, por exemplo, do *chicote da misericórdia*, falamos de uma expressão masculina e paterna do Amor. O profeta que denuncia o erro, por exemplo, atua dentro dessa paternidade amorosa, que não acusa para envergonhar, mas para salvar o que se está perdendo no erro e que pode estar levando outros a perderem-se também. Nesse sentido, a profecia que nos anima e exorta a levantar e prosseguir participa dessa paternidade amorosa da misericórdia. Esse profeta, na verdade, é o bom pastor (cf. Jo 10,11), que cuida do rebanho e o instrui a seguir o caminho certo.

Por outro lado, o próprio Deus explica seu amor comparando-se a uma mãe que *não esquece* aquele que amamenta e que *tem ternura* pelo fruto de suas entranhas, ressaltando que estamos gravados *na palma de suas mãos* e sempre *sob seus olhos* (cf. Is 49,15-16). Fala-nos do amor materno, incondicional e uterino, pois vem das entranhas.

Homens e mulheres são dotados da natureza masculina (mais ampla nos homens) e feminina (mais ampla nas mulheres). Todos, sem exceção, temos nosso lado masculino e feminino. No amor não é diferente, nem poderia sê-lo, já que somos feitos à sua semelhança. Por isso, resgatar em cada ser humano essa porção paterna e materna da misericórdia é fundamental.

Entretanto, seja de uma forma masculina, seja feminina, todos somos chamados a carregar uns aos outros. Enquanto na paternidade da misericórdia somos chamados a carregar o outro sobre os ombros, como o *bom pastor* faz com a ovelha perdida (cf. Lc 15,5, para depois exortá-la a prosseguir por suas próprias pernas; na maternidade da misericórdia somos chamados a ir mais além, carregando o outro em nossas próprias entranhas, até que ele possa nascer para uma nova vida. Esse socorrer da misericórdia em seu aspecto paterno e esse gestar, em sua feição feminina, são necessários para quem quer exercê-la amplamente.

Em ambos os casos, seremos guias e servos. Um pastor que carrega sua ovelha encontrada nos ombros e uma mãe que carrega sua prole em seu ventre são guias diante da fragilidade do extraviado e do gestado, respectivamente, porém também são seus servos.

Para carregar o outro, precisa-se de um ombro e de um útero disponíveis. Essa disponibilidade é serviço. A dedicação do pastor que carrega a ovelha doente e da mãe que gesta a vida é uma atitude silenciosa e servidora. Em ambos os casos, seus mundos são invadidos e colocados à disposição do outro. Apesar de maiores em tamanho e força, o pastor e a gestante estão a serviço do menor e do mais fraco. Por isso são seus servos. Se o fazem com arrogância, não o fazem bem. Somente se o fizerem com retidão, humildade e amor serão bons em seu empenho.

Mas para pastorear a ovelha achada e ensinar o filho nascido, o pastor e a mãe precisarão sair do silêncio e ter autoridade, que nasce da coerência amorosa. O pastor precisa ser profeta e a mãe, educadora. Quanto mais coerentes são, mais fortalecidos em autoridade serão, pois esta não se confunde com autoritarismo. A autoridade de um pastor e a de uma mãe são inquestionáveis se calcadas na coerência de seus princípios, ou seja, se na prática eles vivem o que professam. Quanto mais se desenvolvem a ovelha recuperada e o filho trazido à vida, mais cobrarão coerência de seu pastor e de sua genitora. Nesse momento, os que guiam continuam a servir, pois para guiar precisarão continuar servindo e servindo bem, a começar pelo servir aos princípios do amor que professam.

Em síntese: pastorear e gestar, profetizar e educar são missões da misericórdia, para serem assumidas por homens e mulheres, nas porções masculina e feminina de cada ser e em sua potencialidade para amar. Antes de ensinar pelo educar e pelo exortar, mãe e pastor precisam buscar a proximidade do servir silencioso. Se não servem, não liderarão.

Essa proximidade é primeiramente afetiva. A boa mãe e o bom pastor sentam junto de seus guiados e os colocam no colo. Depois, essa proximidade precisa ser efetiva. A boa mãe e o bom pastor cuidam de seus protegidos e velam por eles até de madrugada. Contudo, não cuidam dos seus para si, mas para a verdade, para a vida e a liberdade. Se buscam servir-se dos seus, não serão bons líderes, serão mercenários.

O silêncio do servir afetivo e efetivo e a expressão do pastoreio profético e do cuidado educativo precisam andar juntos.

Por isso, na *Abbá Pai* o voluntariado cristão acompanha a pregação da Palavra. Todo *Abbá Pai* precisa atuar como voluntário para ser um comunicador do evangelho de Jesus Cristo. Esse voluntariado, sabemos, começa em nossas casas e em nossas relações sociais. Porém precisamos sempre ir além de nosso meio, ao encontro do ferido e frágil mais desprovido, para carregá-lo silenciosa, humilde e amorosamente.

Escolhemos dedicar-nos, especialmente, àqueles que vivem internados em instituições hospitalares, assistenciais ou de detenção. São enfermos, crianças, idosos, pessoas com deficiência física e mental e presidiários, que recebem o abraço *Abbá Pai* semanalmente.

Sentar com meus filhos na sala e brincar como se fosse criança é minha condição diária para eu poder falar com autoridade de amor afetivo. Silenciosamente, alimentá-los e ajudá-los capacita-me na minha missão de exortá-los e educá-los. Essa mesma ordem, em que a vivência antecede o ensino, seja profético, seja educacional, preciso aplicar com meu esposo e com os demais integrantes de minha família originária (avós, pai, mãe e irmãos) e colateral (tios, primos, cunhados e concunhados). Mas essa prática fraterna precisa, ainda, estender-se à família universal e atingir meus irmãos de *Comunidade*, assim como meus vizinhos, meu local de trabalho, o meio intelectual e de lazer do qual participo etc. Além disso, a misericórdia insistirá em fazer-me sair de meu mundo para estar com quem necessita mais de amparo do que eu e os meus.

Infelizmente, acabamos por viver em nichos econômicos, religiosos e culturais e nos fechamos neles. Todavia, sempre haverão segmentos mais carentes do que aqueles dos quais fazemos parte. É imprescindível ir a eles sem medo de descer. Afinal, para mergulharmos na misericórdia precisaremos ir ao Calvário, contemplar Jesus e nos colocarmos na cruz com ele. Vamos, então, percorrer a misericórdia no caminho da cruz.

João Paulo II, na *Dives in Misericordia*, também destaca que a cruz e a ressurreição, ambas expressões máximas da misericórdia, estão no núcleo do amor, *do qual o homem é criado à imagem e à semelhança de Deus*, e as retrata como um *toque do amor eterno nas feridas mais dolorosas da existência terrena*: a dor e a morte.

Em contraponto, essa encíclica inicia lembrando que no Calvário assumido por Jesus há uma *mudança fundamental em todo o processar da revelação do amor e da misericórdia*, quando Cristo, aquele que *andou fazendo o bem e curando a todos* (cf. At 10,38), mostra-se ele próprio agora digno de misericórdia. Como vai construindo o saudoso pontífice, a cruz é expressão da misericórdia de Deus pelo homem e faz de Cristo um solicitante de misericórdia. Todo esse *mysterium paschale* tem seu cume na ressurreição, que encerra a missão messiânica de Cristo.

Sendo a cruz o extrapolar desse amor misericordioso de Deus por nós, que é para o mundo loucura e que se completa na ressurreição, que é que vemos diante do Calvário? E que relação o Calvário de Cristo tem com nossa vocação para a misericórdia?

Novamente recorro a Lucas (23,33-46):

> Quando chegaram ao lugar chamado Calvário, ali crucificaram Jesus e os malfeitores: um à sua direita e outro à sua esquerda. Jesus dizia: "Pai, perdoa-lhes! Eles não sabem o que fazem!". Repartiram então suas vestes tirando a sorte. O povo permanecia lá, olhando. E até os chefes zombavam, dizendo: "A outros ele salvou. Salve-se a si mesmo, se, de fato, é o Cris-

to de Deus, o Eleito!". Os soldados também zombavam dele; aproximavam-se, ofereciam-lhe vinagre e diziam: "Se és o rei dos judeus, salva-te a ti mesmo!". Acima dele havia um letreiro: "Este é o Rei dos Judeus". Um dos malfeitores crucificados o insultava, dizendo: "Tu não és o Cristo? Salva-te a ti mesmo e a nós!". Mas o outro o repreendeu: "Nem sequer temes a Deus, tu que sofres a mesma pena? Para nós, é justo sofrermos, pois estamos recebendo o que merecemos; mas ele não fez nada de mal". E acrescentou: "Jesus, lembra-te de mim, quando começares a reinar". Ele lhe respondeu: "Em verdade te digo: hoje estarás comigo no Paraíso". Já era mais ou menos meio-dia, e uma escuridão cobriu toda a terra até às três da tarde, pois o sol parou de brilhar. O véu do Santuário rasgou-se pelo meio, e Jesus deu um forte grito: "Pai, em tuas mãos entrego o meu espírito". Dizendo isto, expirou.

Dizer que Jesus chegou ao Calvário para ser crucificado significa dizer que ele foi rejeitado e condenado. Quando nos decidimos a viver a misericórdia, não visualizamos que, mesmo fazendo o bem sobre a terra, ou especialmente por fazê-lo de forma profética, seremos reprovados.

O Senhor desceu ao que de mais vil havia: a morte humilhante e torturante da cruz. Como já havia sido açoitado, realiza triplamente a sua missão — no flagelo, na cruz e na morte. E paga da forma mais completa possível uma dívida que não é sua.

Nosso desejo de aceitação e glória quer as honras, não a condenação; a aprovação, não a reprovação; a compreensão, não a rejeição. Mas Jesus e sua missão misericordiosa são rejeitados, reprovados e condenados. Especialmente seu *chicote da misericórdia* não é bem-vindo e o leva ao ápice de sua missão: a cruz e, por conseqüência, a ressurreição.

Como havia sido torturado previamente, subentende-se que estava desfigurado. E isso é por si só um ultraje. Para descermos à miséria, mesmo que ela não nos pertença, precisamos deixar-nos desfigurar pela dor da miserabilidade. À cruz não se chega com finas nem modestas vestes. Na cruz se é pregado nu, porque a misericórdia requer despir-se. A maior parte da missão de Jesus, ele não a cumpriu desfigurado nem nu. Mas há um ponto da vivência da misericórdia em que precisamos aceitar tornar-nos objeto de misericórdia tanto pela condenação injusta quanto pela desfiguração e pela nudez.

Conta Lucas que Jesus foi crucificado entre ladrões. Apesar de a cruz ser destinada aos transgressores da época, ser crucificado entre eles era um reforço da indignidade assumida por Cristo.

Sim, na misericórdia chega-se também a estar entre ladrões e até se pode ser confundido com eles. Anos atrás, dois integrantes de nossa *Comunidade* que fazem visitas regulares aos irmãos do Presídio de Florianópolis saíram no jornal de nossa arquidiocese ao lado dos presos. Na legenda da matéria mencionava-se a presença de padre Ney Brasil Pereira, que também estava na foto, agentes da Pastoral Carcerária (os nossos integrantes) e os presidiários. Mas ninguém era identificado separadamente. Olhando a foto, não dava para saber se nossos irmãos de *Comunidade* eram os presos ou os voluntários. Todos eram muito semelhantes.

Quando estamos atuando em qualquer voluntariado, somos confundidos com internos e/ou trabalhadores daquela instituição. Se estamos socorrendo o indigente, passamos por indigentes.

Logo que se vê levantado — após ser condenado, torturado — e nu ao madeiro, sabendo da proximidade da sua morte, Jesus pede ao Pai por sua misericórdia aos que agiram contra ele, pois sabe que quanto mais absurda é a maldade e a violência mais necessária é a misericórdia.

Por isso, a meu ver, essa é a expressão mais forte da misericórdia: o Santo dos santos, vítima imolada e humilhada, desfigurada e despida, vendo a atrocidade que o rodeia, roga ao *Abbá:* "Pai, perdoa-lhes! Eles não sabem o que fazem!" (Lc 23,34a).

E não sabiam mesmo. Na verdade, ninguém sabe a dimensão total, macro e microcósmica, da ingratidão, da injustiça, da agressão e da morte. Muito mais vitimando um homem sem pecado algum e um Deus feito homem. E mesmo assim, mesmo perdoando-os e clamando para que fossem perdoados, continuava sendo escarnecido pelos sacerdotes, soldados e transeuntes, até pelos dizeres na placa fixada acima de sua cabeça.

Isso lembra que, mesmo que cheguemos à expressão máxima da misericórdia, continuaremos a ser provocados a abandonar nossa ação misericordiosa. E a gozação é uma das maiores provocações.

Todos aqueles que agem com caridade, especialmente na misericórdia, mais cedo ou mais tarde, e muitas vezes na vida, serão chamados de tolos e loucos. E isso também é uma forma de boicote à missão e ao missionário do amor, que, além da dor e da perda, terá de suportar a gozação. Além dos escárnios, as pessoas amorosas terão de enfrentar calúnias, comparações e mentiras.

Na cruz, vemos claramente Jesus amando toda espécie de inimigos: discípulos que fogem ou permanecem acovardados em volta dele; espectadores que até poderiam ter estado entre aqueles que foram confortados e curados por ele e que se ausentam, permanecem omissos, ou, quem sabe, tenham-se lançado a ofendê-lo também; os judeus que planejaram sua prisão e morte e os romanos que as executaram.

Se, pela misericórdia, Cristo nos convida a amar nossos inimigos, vamos entender quem seja o inimigo. E o próprio Jesus o define: quem me persegue, calunia e prejudica (cf.

Lc 6,27-28). E completamos: quem me irrita, constrange, magoa, decepciona, quem simplesmente não me encanta, ou quem, por seu sucesso ou mal proceder, gera em mim maus sentimentos.

O inimigo de hoje pode ser o maior amigo de ontem ou o de amanhã. Ele não é necessariamente alguém que me odeie, que eu odeie ou que sempre desempenhou tal papel em minha vida, assim como pode sê-lo.

Desse modo, na hora da dor e de uma possível revolta nossa com Deus, quando discordamos da administração divina, como aquela que permite que coisas devastadoras ocorram conosco, podemos até colocar Deus entre nossos inimigos. Afinal, nosso inimigo nem sempre é o injusto da história e não é um malfeitor necessariamente — basta que sua ação, omissão ou forma de ser nos contrarie.

Lembrando os níveis de aprofundamento no amor, vemos que, na gratidão, temos, no ser grato ao inimigo, um antídoto à mágoa. Entendo que gratidão pode ser tanto pelo que o outro nos fez de bom quanto pelo que não nos fez de mal. Um certo alguém pode ter-me prejudicado, por exemplo, mas sempre poderia ter-me prejudicado mais ou de forma mais cruel ou definitiva do que o fez. Sempre poderia ter sido pior. Por essa *não-ação* devo-lhe minha gratidão.

Além disso, meu inimigo também pode ter-me favorecido de alguma forma, em momento distinto ou em ação conjunta com a ação rejeitada por mim, mesmo que não tenha sido essa a sua intenção. Por essas ações favoráveis, desejadas ou não por meu perseguidor, devo-lhe gratidão.

Assim como a gratidão, a piedade e a compaixão são caminhos para amenizar a ofensa e propiciar o verdadeiro perdão, não importa o tipo de inimigo que se levante contra nós.

Há pessoas que posaram de inimigos nossos sem que percebessem ou desejassem, por puros acidentes circunstanciais. Outras se fazem na luta por seus legítimos direitos ou em defesa de seus valores e crenças. Por fim, há os que nos perseguem e que reiteram antigos atritos ao longo da vida, aos quais chamo de *perseguidores de estimação*. Em minha história também tive de suportar alguns poucos *perseguidores de estimação*. Sempre vigiei meus sentimentos em relação a eles. Todavia, em algumas situações, sem que percebesse, a ternura que nutria por alguns perseguidores havia findado. De repente, todo o meu empenho em perdoar as mais de setenta vezes sete (cf. Mt 18,22) empreitadas negativas havia sucumbido diante da ação silenciosa da morte afetiva.

Depois de muitos golpes, principalmente quando me via injustiçada reiteradamente, a sensação que eu tinha era de que aquela pessoa havia realmente morrido afetivamente. Quando observei, meu afeto não estava mais ali. Por mais que essa condição até fosse favorável para eu aceitar com mais tranqüilidade as agressões — pois quanto menos estamos afeiçoados a alguém menos nos ressentimos com o desamor lançado contra nós —, sabia que, permanecendo nessa perspectiva mais distante afetivamente, estava ferindo o carisma *Abbá Pai* e minha vocação ao amor. Ocorreu que, em cada ataque recebido, sempre me cuidei para não desejar o mal e vigiei-me para não revidar na mesma moeda. Todavia, algumas vezes me esqueci de atentar para não deixar a memória afetiva morrer.

Foi então que lembrei o que Jesus disse diante da morte de Lázaro e acreditei que, ainda que mortos, aqueles sentimentos de amor fraterno, por minha fé em Jesus Cristo, reviveriam em meu coração, nem que fosse dentro de uma nova forma de sentir e perceber.

A mágoa realmente tem esse poder de ir *matando* lentamente o afeto, principalmente quando se trata de ações continuadas. Ela *seca* algo dentro de nossa afetividade até o ponto de chegarmos a perder a memória afetiva.

Em algumas situações, para que meu afeto ressurgisse das cinzas, contei com a graça de Deus, pois sem ela meus esforços humanos não conseguiriam convencer meu coração e minha mente, nem reverter meu temor e defesa inconscientes diante da perseguição mantida.

Mas até relações amigáveis precisam do perdão periódico, pois somos humanos e nos ferimos a nós mesmos e aos demais, ainda quando desejamos o contrário. Como explica são Paulo, muitas vezes deixamos de fazer o bem que queremos e fazemos o mal que não planejamos fazer (cf. Rm 7,19).

Nesse sentido, o afeto pelas pessoas com as quais convivemos somente permanecerá ou reviverá se nos decidirmos pelo perdão permanente, façam o que fizerem, aconteça o que acontecer.

Voltando à cruz, no Calvário, um dos malfeitores que sofria dor semelhante à de Cristo também o constrange e incita: "Se és o que és, sai dessa condição e tira-nos daqui". Quando até aqueles que estão conosco na dor não entendem nosso martírio, a dor aumenta. Essa espécie de dor moral pode levar-nos à desesperança ou oportunizar-nos aprofundarmo-nos mais na misericórdia.

Volto a lembrar: quanto maior a aberração, maior a misericórdia. Como teoria, essa assertiva é bonita, mas, na prática, é ferida dolorida e quase intransponível. Somente quem resiste a ela pode chegar a ouvir o bom ladrão que defende o mártir, reconhece a misericórdia, crê nela e a solicita. O bom ladrão é o filho pródigo que quer voltar para casa, mostrando que nem tudo está perdido, que de onde não se espera surge o arrependimento e levanta-se a defesa e o reconhecimento.

Pela ação de súplica dele, Jesus pode prometer o Paraíso.

Aqui, lembro-me de alguns poemas que li de santa Teresa de Calcutá em que ela pede que na hora da dor o Senhor dê alguém para consolar; na hora do cansaço, alguém para carregar; na hora da fome, alguém para alimentar. Fiquei pensando se algum dia eu pediria isso. Mas vendo Jesus consolando o ladrão, penso que é necessário aprendê-lo, sob o risco de não viver a plenitude do amor.

Somente na máxima de permanecer amando até os inimigos poderemos entregar plenamente nas mãos do *Abbá* nosso ser, como Jesus finda sua passagem na cruz, e dizer: "Pai, em tuas mãos entrego o meu espírito" (Lc 23,46a). Com certeza, o ponto alto da missão de Cristo foi revelar ao mundo o Deus que é Pai, e Pai cheio de misericórdia, sendo que fez de si próprio a expressão maior dessa misericórdia, ao ponto de entregar-se totalmente pela salvação da humanidade e, chegando à ressurreição, deixar-se como alimento e garantir-nos o Paráclito, enviado pelo Pai. Nesse sentido, a Eucaristia e a ação do Espírito Santo derramado nessa plenitude dos tempos (cf. At 2,17-18) são o extrapolar da mesma misericórdia infinita do *Abbá* apresentado em Lc 15,11-32.

Somente entenderemos melhor esse amor na resposta do amar, sendo que para tanto precisamos soltar algumas amarras e abraçar algumas posturas de vida. Sobre isso trataremos a seguir.

A postura amorosa

Logo, a caridade consiste mais em amar
do que em ser amado.

Santo Tomás de Aquino*

Sem as obras, os mais belos pensamentos nada representam.

Se o Bom Deus atender meus desejos,
meu céu se passará na terra, até o fim do mundo.
Sim, quero passar meu Céu a fazer o bem na terra.

Vejo com satisfação que lhe tendo amor,
o coração dilata-se e pode, incomparavelmente,
dar muito mais ternura aos que lhe são caros,
do que se concentrar num amor egoísta e infrutuoso.

... serei o amor... Assim serei tudo...
Assim se realiza meu sonho!!!...

E não basta amar, é preciso dar prova disso.

Santa Teresinha do Menino Jesus

Estabelecer elementos de uma postura amorosa não é lançar uma moldura para o amor. Nossa intenção é traçar alguns princípios, pontos primordiais para a efetivação do intento de amarmos mais e melhor cada dia. Quando se objetiva o crescimento, pressupõe-se a necessidade da concretização de mudanças comportamentais. No amor, essas mudanças nascem no plano subjetivo para depois se concretizarem no plano objetivo. Elas nascem nos princípios para depois chegar à sua efetivação, pois, como lembra são Paulo, ainda que falemos a língua dos anjos e dos homens, ainda que vivamos a mais perfeita caridade e nos entreguemos livremente como mártires, se não o fizermos por amor, de nada adianta (cf. 1Cor 13,1-3).

Tais mudanças pressupõem a lapidação de nossos sentimentos, caráter e temperamento. Isso se chama formação, um processo de aprendizado calcado na conversão, reeducação e aprofundamento. Na prática, a verdadeira formação cristã tem de levar-nos à mudança de princípios, sentimentos e hábitos.

Se não nos superarmos diariamente e não contrariarmos alguns de nossos instintos, não teremos progresso. Esse controle da nossa própria vontade, com vista a uma riqueza maior, é que nos manterá no caminho do que chamamos de santidade.

Ser santo é insistir em amar, mesmo quando nossos desejos, nosso caráter e nosso temperamento nos contradizem. Insistir, insistir e insistir, até conseguirmos, com a graça e a providência divina.

Por fim, postura é sinônimo de atitude. Atitude pressupõe ação. Agir de acordo com o amor é o primeiro desafio para quem nele acredita.

Uma nova visão

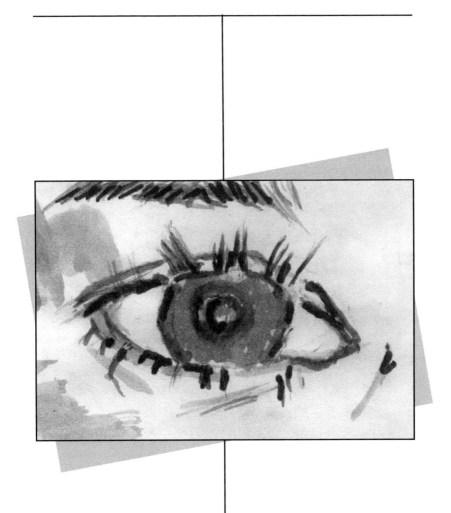

... o Bom Deus deu-me a graça de compreender
em que consiste a caridade.
Dantes, eu a compreendia, é verdade,
mas de uma maneira imperfeita.

Águia, não sou, mas dela tenho, simplesmente,
olhos e coração, pois que, não obstante minha
extrema pequenez, ouso fitar o Sol Divino, o Sol do Amor,
e meu coração sente nele todas as aspirações da águia...

Santa Teresinha do Menino Jesus

Optar pelo amor é aderir a uma nova visão. É preciso que os olhos do coração se abram para o amor e que sob esse prisma todas as coisas sejam miradas. Tudo precisa estar sob um novo prisma. Somente isso é capaz de revolucionar a existência humana. Pena que, mesmo sob o novo olhar, temos de lutar constantemente contra nossa antiga maneira de ver, que, sempre e principalmente nos primeiros tempos de conversão ao amor e nas épocas de cansaço, de crise e de aridez espiritual, insistirá em ressurgir.

Então, amar, antes de mais nada, é mudar de lentes, ou melhor, de olhar. Para que Jesus não nos chame de "Fariseu cego!" (Mt 23,26a) e nos diga: "Tira primeiro a trave que está no teu olho e, então, enxergarás bem para tirar o cisco do olho do teu irmão" (Lc 6,42b). E verás não apenas o cisco, mas todo o irmão, a si mesmo e a vida.

Afinal, é o próprio Jesus que nos explica (Mt 6,22-23a): "A lâmpada do corpo é o olho: se teu olho for simples, ficarás todo cheio de luz. Mas se teu olho for ruim, ficarás todo em trevas. Se, pois, a luz em ti é trevas, quão grandes serão as trevas!". Dessa forma, pode-se dizer que *as lentes do amor* são as portas para a salvação, para a luz que vem do alto, o maior mandamento, que resume toda a Lei e todos os profetas.

Jesus ainda nos exorta em Lc 11,35: "Examina, pois, se a luz em ti não são trevas". Esse exame é fundamental e deve ser feito constantemente. Não estamos nunca, repito, *nunca*, dispensados de fazê-lo.

Contudo, para iniciarmos o redimensionamento de nosso amar segundo a estatura de Cristo, precisamos *inaugurar* esse novo olhar em nossa vida.

Após muito pelejar em busca do amar foi que descobri que era preciso lançar um novo olhar sobre a minha vida e a vida dos demais. Amar tem início na descoberta desse novo *ver*, que são Paulo chama de *olhos do coração* (cf. Ef 1,18). Por muitas vezes eu sentei à beira do caminho, cansada de pelejar em vão, cansada de minha cegueira, e gritei a Jesus, que passava em minha vida: "Jesus, Filho de Davi, tem compaixão de mim!" (Lc 18,38).

Muitas vezes sentimos Jesus passar em nossa estrada. Esta é a hora de apelarmos à sua compaixão, que é imensa. E se já sabemos onde podemos encontrá-lo (na oração pessoal, na oração comunitária, diante do Sacrário, na hóstia consagrada, na Confissão, na Palavra de Deus, no irmão empobrecido etc.), devemos correr atrás, como deve ter feito aquele cego em Jericó. Ele deve ter sabido que Jesus passaria por aquele lugar e se colocou à beira do caminho, gritando pelo Senhor.

E quando Cristo nos perguntar, como fez àquele cego: "Que queres que eu te faça?", possamos dizer sempre: "Senhor, que eu veja!" (Lc 18,41). Digo *sempre* porque a cada tempo ele amplia mais essa visão espiritual em nós. Visão que somente o amor pode dar-nos.

A primeira vez que descobri esse olhar, senti-me descobrindo algo de extraordinário e que poderia revolucionar minha existência. A emoção que traz a descoberta dessa nova visão quando aberta em nós é tanta que temos a sensação de estar diante do inusitado.

Com o tempo, entendi que tal *emoção* era uma profunda sensação de alívio: a visão do amor é uma visão libertadora (sobre isso voltarei a falar mais adiante), pois liberta-me para amar — eis o grande alívio que produz.

E mais: naquele primeiro momento pensei que era definitivamente possuidora de um novo olhar, pronto e acabado. Porém, para minha tristeza, o processo não foi mágico e definitivo. Sei, hoje, que vamos recuperando a visão da alma progressivamente, um pouco cada dia. Por isso, persistir nesse intento é a única garantia, com a certeza de que "quem procura, encontra" (Mt 7,8). Geralmente, o novo olhar manifesta-se, primeiramente, em determinadas direções. Normalmente, nas mais fáceis. Como já as primeiras experiências dessa nova visão são profundamente gratificantes, pois o amor liberta e traz paz, ficamos entusiasmados por querer experimentá-la em terras mais difíceis, até que chegamos a ousar ir a terras humanamente impossíveis, para sermos testemunhas das maravilhas reservadas àqueles que procuram a Deus (cf. 1Cor 2,9).

O amor não tem uma forma padronizada

Essa é a primeira desmistificação sobre o amor: ele não tem um formato padrão. Quem estiver preso a qualquer tipo de forma e quem muito a ela se atém terá dificuldade de entender o amor e de trilhá-lo, pois não será livre para amar. Como seres dotados de pessoalidade, acabamos por aderir a uma determinada forma. Ela é inevitável. Quando me refiro à prisão à forma, falo na dificuldade de aceitar e valorizar as diversas formas de apresentação da pessoa humana e da própria vida.

Então, se o amor não tem um formato padrão, como identificá-lo e como formatá-lo em nós? Parece complexo, mas é simples: o amor não tem uma forma única, mas tem princípios claros.

Como forma entende-se a configuração exterior, as coisas objetivas do ser: o feitio, a apresentação e a aparência, o que podemos chamar de estilo. Se você rejeita algum tipo de estilo, você está preso. O apego ao estilo, especialmente o preconceito a alguns deles, poda nossa capacidade de perceber o amor, entendê-lo e aderir a ele.

Conhecemos muitos homens amorosos com estilos, com aspectos objetivos totalmente díspares. Se pensarmos em Jesus e João Batista, por exemplo, veremos que cada um aderiu a uma forma singular. Que é que eles tinham em comum? O vestir? O comer? A forma de evangelização? Não. Apesar de serem da mesma geração e crescerem na mesma sociedade, eles se vestiam, portavam-se e viviam de forma muito diferente.

Jesus andava de cidade em cidade, trajado de forma comum, provavelmente de linho, e participava da vida social e religiosa, comendo tanto com pecadores como com autoridades eclesiais. João optou pelo deserto, pelo isolamento. O povo o procurava. Vestia-se com pele de animal e alimentava-se de gafanhotos e mel. Com estilos extremamente diferentes, eles eram muitíssimo semelhantes: seguiam os mesmos princípios.

Quando ainda estamos atrelados às formas de falar, de ser, de viver etc., esquecemos ou negligenciamos a valorização dos princípios. E estes últimos é que são importantes. Jesus refere-se a isso quando exorta os fariseus a não julgar pela aparência (cf. Jo 7,24). Se o amor não tem uma forma-padrão, mas princípios essenciais, nossa visão amorosa tem de ser mais subjetiva do que objetiva. O amor faz-nos ver além das formas, além do que vemos. Mais do que isso, leva-nos a viver além das formas. Pois o que vale são os princípios.

Mas que são princípios? Princípios são regras, são normas, são mandamentos.

Aqui nascem alguns complicadores. Primeiro, é mais fácil aderirmos a uma forma (configuração exterior, feitio, apresentação, aparência, estilo) do que a um princípio (regra de conduta, norma, mandamento, ordem). A forma exige um esforço mais externo, porém mais pobre e fácil de realizar. O princípio exige uma mudança verdadeira; ele deve vir da raiz e gerar atitudes, é mais profundo e mais amplo. Por isso ele é mais difícil de ser aplicado. Além disso, a forma tem uma materialidade que o princípio, *a priori*, não tem.

Ela nos dá uma falsa segurança que o princípio não nos oferece. Por outro lado, seguir um princípio, em certos termos, é algo silencioso, enquanto o estilo já se auto-anuncia.

A forma também delimita um determinado padrão, o que pode oferecer-nos uma certa segurança, enquanto os princípios questionam e relativizam os modelos estabelecidos.

Todavia, é inquestionável a supremacia do princípio, visto que a valoração da forma nos escraviza e limita, enquanto a verdadeira liberdade tem nascedouro na subjetividade dos princípios que norteiam a salvação humana.

Uma visão libertadora

Quando penetramos nesse novo olhar, algo extraordinariamente fantástico acontece conosco. Por muitos anos eu experimentei essa nova visão apenas em momentos especiais, em alguns *flashes* da alma. Meus olhos se abriam por pouco tempo e eu não penetrava de vez no novo olhar. Era uma experiência enriquecedora e frustrante. Era um pórtico que se abria e fechava sem que eu entendesse como o havia acessado e perdido.

Hoje sei que era um chamado, um chamado ao amor.

Essa nova visão é um novo nascimento, pois ela é libertadora. Liberta-nos para amar. Não apenas eu estou livre, mas, pelo meu novo olhar, liberto a vida, eu mesmo e o meu irmão de meus desejos, condicionamentos, preconceitos e determinismos. É uma via de várias mãos: liberdade para todos.

Quando sou livre e liberto tantas pessoas de meu cativeiro pessoal, posso, enfim, amar em paz. Disso advém o alívio já citado anteriormente. Esse alívio é fruto do amor que vai fluindo naturalmente em nós. Se meu olhar é de luz, todo o meu corpo, todo o meu ser se ilumina. A esse alívio, fruto do amor, chamamos paz, a paz que vem de Deus.

Como aprendemos de Jean Vanier, aquele que procura a paz pela paz não encontra a paz. Entretanto, aquele que ama encontra a paz, pois ela é um fruto do amor.

Eu não ousaria dizer que antes de adentrarmos nessa nova visão não amamos. Amamos sim. Um amor prisioneiro, de cativeiro, segmentado, possessivo, condicionado e até doente, mas já é amor. Quando nos abrimos ao amor, Deus não nos priva desta graça, deste dom, mesmo que ainda sejamos cativos.

Visão plenificada: ampla e sublimada

Vou chamar essa visão libertadora de *visão plenificada: ampla e sublimada*.

Prefiro chamar a visão do amor de *visão plenificada* do que de *visão plena*, pois *plena* (completa, perfeita) é apenas a visão de Deus. A nossa, porém, pela proximidade a ele, passa a ser mais fiel à sua *imagem e semelhança*, ou seja, quase plena, *plenificada*.

Essa visão é *plenificada* em duas direções. Assim como a cruz de Cristo, ela deve ser *horizontalmente ampla* e *verticalmente sublimada*.

Jesus, o Verbo encarnado, é verdadeiramente homem e verdadeiramente Deus.[1] Como homem, sua visão humana era perfeita. A essa visão humana perfeita chamo de *visão horizontal ampla*, a visão do amor ordinário.

Vindo do alto, o Verbo encarnado nos revela a visão do Pai — "Quem me viu, tem visto o Pai" (Jo 14,9). Com seu sacrifício, garante-nos filiação com o divino e com sua Ressurreição e Ascensão leva a nossa humanidade para o seio da Trindade. Nesse contexto, situa-se a visão *verticalmente*

---

[1] *CATECISMO DA IGREJA CATÓLICA*. Capítulo 2, artigo 3, parágrafo 1, item III, pp. 131-133.

sublimada: uma visão mais do que humana da vida e do homem, uma visão que transcende o ordinário. É a visão do amor extraordinário.

Visão horizontal ampla

Como *amplo* entendemos algo largo e profundo; muito extenso, vasto e farto, por um lado, e pontual, próximo e rico, por outro. Então, quando olho meu irmão, por exemplo, numa *visão horizontal ampla*, enxergo sua humanidade por um ângulo mais extenso e vasto e, ao mesmo tempo, mais profundo e real. Dou-lhe, primeiramente, um espaço e uma medida maior, o que permite, num segundo movimento, aproximar-me amorosamente para vê-lo de perto, no coração. Não vejo apenas o que à primeira vista qualquer um vê. Passo a ver além do que vejo e o vejo dentro de uma amplitude e uma pontualidade maior. Não foco apenas o circunstancial, mas considero tudo o que o envolve e, particularmente, sua singularidade. Por isso, essa visão é farta e rica. Ela olha por todos os lados e ângulos e os considera.

Para obter uma visão *ampla*, é necessário, inicialmente, ampliar o arco de visão do objeto mirado, vendo também a conjuntura. É como se eu desse, primeiro, um passo para trás. Esse passo para trás é que é o "x" da questão. Se eu quero ver meu irmão, por exemplo, de maneira ampla, devo, antes de mais nada, recuar de minha arrogância, de minha presunção, de meu desrespeito à individualidade do outro e dar-lhe, no meu olhar, o espaço que a ele é devido. Somente dentro do espaço que a nós é devido podemos ser vistos no nosso todo e no nosso melhor. Quando olhamos a nós mesmos, o outro e a própria vida num ângulo restrito, vemos mal.

Dar um passo para trás, então, é dar um passo de respeito para eu ver a vida, o outro e a mim mesmo de maneira alargada: ver além do que vejo apressadamente, ver toda a extensão, toda a vastidão, toda a riqueza e a fartura que há em minha humanidade, na humanidade do outro e na própria vida.

Quando recuo, não preciso concordar com a ação ou a omissão vista, nem justificá-la, mas sim mirá-la dentro de um todo que precisa ser considerado e respeitar a condição que a vida tem e que, pelo livre-arbítrio, concede a cada um de sentir, pensar e agir da maneira que escolher ou apenas puder.

Somente depois do passo de recuo posso caminhar na aproximação amorosa, que não é invasiva nem castradora. Volto à posição inicial, dando um passo para a frente, para ter uma visão próxima, aprofundada e pontual. Esses passos de aproximação somente serão fecundos se o recuo os anteceder.

Enquanto nos relacionarmos com a *casca* e com o subjetivo periférico das pessoas, não conseguiremos aproximar-nos daquele que está atrás dessas roupagens. É preciso deixar de ver os filhos de Deus (eu e os demais) pelo que moldura a alma (*casca*, cargo e função) para poder vê-los verdadeiramente.

A *casca* é tudo de objetivo que vejo em meu irmão. Objetivo é tudo o que diz respeito a objeto, a *coisa*, que se refere ao mundo exterior ao espírito, que está oposto ao subjetivo, porque expõe, identifica o ser independentemente de seus sentimentos pessoais. Vai desde a aparência até as posses. Tem tudo a ver com a forma, que podemos chamar de estilo, e a condição social de cada indivíduo. Já o subjetivo periférico é um limite muito tênue entre o objetivo e o verdadeiramente subjetivo de cada ser. Ele está na condição cultural, no cargo e na função da pessoa.

Enquanto ficarmos nos relacionando com a *casca* e agregarmos valor a ela, teremos dificuldade de expor-nos e de aproximar-nos do outro. A *casca* faz parte da construção de um ser. Ela existe e é real. Sua valoração é que parece invertida na sociedade atual. Quando o peso da *casca* cresce, o da essência diminui.

O cargo é o papel que a pessoa desempenha na vida ou, especificamente, para a vida de outrem. Enquanto um filho se relaciona apenas com a mãe e não com a pessoa que está atrás desse cargo (do papel de mãe), seu amor será limitado e condicionado ao cargo. Atrás do papel há uma pessoa, e a pessoa é mais que o seu papel. A pessoa, a alma é o verdadeiro subjetivo de cada um.

Em uma empresa, num local de trabalho, vemos esse aspecto aflorar com maior clareza. Os participantes dificilmente conseguem relacionar-se com a pessoa dos superiores, colegas e subordinados. São cargos que se relacionam com cargos. As pessoas quase desaparecem. Nesses ambientes, podemos dizer que o elemento econômico *coisifica* os seres e os reduz a peças de uma engrenagem, sem alma ou pessoalidade. As pessoas que valoram muito os cargos pensam valer na proporção do seu papel social. Assim também vêem os demais. Por isso, terão muitas dificuldades para amar.

A função é a utilidade que cada criatura tem para a vida e para mim. Cada pessoa pode ter uma serventia em minha vida. Às vezes a *casca,* a condição intelectual e o cargo se mantêm e, por outras circunstâncias, a função, a utilidade se altera. De toda sorte, a vida das pessoas tem um determinado quociente de utilidade para as demais. Enquanto nos relacionamos com essa *utilidade,* e não com a pessoa existente atrás desse elemento, estamos ainda na situação contrária ao que nos anunciou Jesus: "o Filho do Homem não veio para ser servido, mas para servir e dar a vida em resgate por muitos".

Vencidas essas barreiras, consciente do contexto em que meu irmão está inserido, ou pelo menos tentando percebê-lo, posso aproximar-me amorosamente, com delicadeza e ética, encantamento, respeito e responsabilidade. Essa aproximação requer mansidão e humildade (cf. Mt 11,29), para que meu olhar lançado promova, não destrua. Conheço muitas pessoas em depressão por não conseguirem olhar a si próprias de maneira ampla. Quando se vêem, não conseguem ir além da *casca* e do subjetivo periférico, ao passo que, quando avançam, não o fazem de forma respeitosa e valorativa, mas arrogante e destrutiva.

Visão vertical sublimada

Além de ver de maneira ampliada e profunda o outro na sua humanidade, preciso vê-lo dentro do mistério em que a vida humana está inserida. Esse segundo ângulo de visão é o da *visão sublimada*. Não falo do termo *sublimar* usado pela psicologia, o qual consiste em *um deslocamento e uma defesa*. Falo no sentido literal da palavra, de elevação e purificação, entendidas em duas direções: de baixo para cima e de cima para baixo.

Segundo o dicionário, *sublimar* é *tornar sublime, erguer a uma grande altura, exaltar, engrandecer*. *Sublime* é aquilo cujos méritos transcendem o normal. Olhar dentro dessa *visão sublimada* é erguer meu foco verticalmente, do chão ao céu, para, num segundo momento, olhando *com olhos do céu*, ver do céu para o chão.

Nessa visão vertical, de baixo para cima, exalto meu foco observado, seja eu, seja o outro, seja a própria vida. Vejo além do que há de ordinário, vejo os traços do Criador na criatura e na criação, vejo o Artista na Arte, vejo o mistério que há em nós e na existência de todas as coisas.

Num segundo movimento vertical, que defino como de cima para baixo, olho com os olhos do Pai Criador para ver cada criatura humana como o filho muito amado em quem se põe toda confiança (cf. Mc 1,11). Para entender esse olhar paterno de Deus, cabe comparar, a propósito, como o próprio Deus o faz através de Isaías, *o olhar do céu* com o olhar de uma mãe por seu filho (cf. 49,15). Esse olhar materno/paterno devemos a cada criatura, assim como devemos perceber em toda a criação o carinho do Artista por sua Arte, passando a ter por esta o mesmo carinho.

Então, na *visão sublimada* também vejo além do que vejo apressadamente, mas em uma outra dimensão: na dimensão espiritual.

O que falar e o que silenciar

Papai não falava quase nada,
mas seu olhar fixava-se em mim com amor.

... exprimo meus pensamentos com a máxima
facilidade, sem deixar de ser simples.

Digo muito simplesmente
ao Bom Deus o que lhe quero dizer,
sem usar belas frases, e ele sempre me entende.

... pedi ao Bom Deus me pusesse na boca palavras
mansas e convincentes, ou melhor,
falasse ele mesmo em meu lugar.

Santa Teresinha do Menino Jesus

O amor nos oferece uma sabedoria invejável. Aos poucos, vamos aprendendo o que falar e o que silenciar. Na verdade, levamos um tempo até percebermos de quanta conversão ainda necessita o nosso sistema de comunicação. Pessoas que geralmente acham que se comunicam muito bem (porque falam bastante) ou que ouvem bem (porque silenciam com facilidade), na experiência do amor, são surpreendidas com a descoberta de que não sabem comunicar-se devidamente. Enquanto não descobrirmos e encararmos de frente nossas dificuldades de comunicação, não seremos seres amorosos, pois o amor é pura comunicação. Não falo apenas da comunicação verbal, mas das mais variadas formas de comunicação, o que inclui, especialmente, a ação. Afinal, a ação é uma das mais poderosas formas de comunicação.

Normalmente, afirmamos que o testemunho convence, porque comunica com uma grandiosa intensidade, arrastando multidões, visto que é a ação concreta em si que fala. Realmente, precisa-se ser *fariseu cego* para não acolher o que a ação anuncia.

Nosso falar e silenciar serão redimensionados pelo amor à medida que nossa capacidade de comunicação for sendo desvendada. É uma descoberta primordial para nosso crescimento amoroso.

Nesse processo, descobrimos que, geralmente, não falamos o que deve ser primordialmente comunicado, de maneira que as informações vitais à saúde de nossas relações e ao eficaz anúncio da Boa-Nova possam ser captadas. A mesma dificuldade normalmente temos em silenciar o que deve ser silenciado, especialmente em fazê-lo de maneira harmoniosa e ativa.

As informações vitais à saúde das relações

Quando falamos das informações vitais à saúde das relações, vemos que a partilha é peça fundamental. Mesmo que ela não gere alterações perceptíveis, os simples atos de partilhar e de acolher a partilha de outrem já são, por si sós, salutares aos relacionamentos. Assim sendo, é necessário, primeiramente, distinguir os diversos níveis de partilha.

Na vida em comunidade vocacional, por exemplo, a partilha é incentivada, e todos os seus membros devem transparência ao corpo da comunidade e à sua vocação. A todos devemos nossa sinceridade, e alguém ou algum segmento da comunidade precisa tomar ciência de nossa miséria, dúvidas, crises e quedas. Todavia, o conjunto de nossa intimidade não precisa ser aberto sem reservas. Não é necessário que partilhemos tudo com todos ou com mais de uma pessoa. Há informações que não podem ser omitidas do grupo e há intimidades que pelo menos alguém precisa saber, mas que não necessitam ser do conhecimento de todos.

Na vida fora de uma comunidade vocacional também deve ser assim. Qualquer cidadão, mesmo que não inserido em uma comunidade laical ou religiosa, vive em comunidade, a começar pela comunidade familiar.

À figura do confessor, que além do aspecto sacramental possibilita a vivência de uma autêntica transparência, também se pode somar a figura de um amigo, terapeuta, pai ou orientador espiritual, perante quem podemos desnudar-nos sem reservas. Essas são vias preciosas de santificação, que se efetivam pela abertura da miserabilidade em sua totalidade.

Além desses pontos especiais de abertura, no meio em que se vive, deve-se, primeiro, ser autêntico, isto é, "seja o vosso sim, sim, e o vosso não, não" (Mt 5,37).

Essa postura de veracidade urge por uma adesão mais efetiva por parte dos cristãos, num mundo em que a palavra não tem mais a garantia que no passado lhe era atribuída. Em tempos anteriores, a dignidade do homem estava em manter sua palavra, e esta valia mais do que qualquer contrato formal. Não cumpri-la era motivo de vergonha e fraqueza. No mundo pós-moderno, que colhe os frutos da implementação da dita economia liberal globalizada, a "esperteza" tem valor maior que a integridade. Nessa conjuntura, em que valores econômicos imperam de forma desenfreada (os valores econômicos sempre ditaram a história, mas não da forma desenfreada como o fazem na atualidade), a veracidade é sinal de perda, e a coerência, de atraso.

Quem quiser seguir o amor e permanecer nele, mais cedo ou mais tarde terá de romper com o *pai da mentira* (cf. Jo 8,44) e com todo tipo de mentira (enormes, grandes, pequenas e minúsculas).

Na postura autêntica ou veraz, temos muitos ganhos e conquistas imensuráveis, mas em alguns aspectos mais objetivos teremos perdas e atrasos. Querer amar é fácil, difícil é arcar com as conseqüências disto. Entretanto, numa linguagem bem contemporânea, temos querido *levar sem pagar o preço*. É a lógica do *lucro fácil*. Na economia do amor, os princípios são outros. Eis uma tarefa árdua para o homem hodierno, acostumado a equilibrar-se na vantagem e inapto à coerência: assumir todas as implicações do amar, ou seja, estar disposto a pagar o preço por amar legítima e congruentemente.

Voltando a falar das informações vitais à saúde de nossos relacionamentos, além dos dois pontos apontados, ou seja, veracidade dos fatos (a todos) e confissão das dificuldades (a alguém) para com aquelas pessoas com as quais nos relacionamos mais estritamente, devemos a partilha de nossos sentimentos, ou seja, o compartilhar das emoções que são relevantes ao crescimento de cada relacionamento, especificamente. Depois, para que nossos relacionamentos, de um modo geral, possam acontecer de maneira amorosa, é necessário que haja um constante aproveitamento (leitura e tradução) tanto dos elementos que geram atrito como daqueles que propiciam a harmonia em nossas relações, para um freqüente aprimoramento dos canais de interação.

Partilhar nossos sentimentos no que diz respeito aos nossos relacionamentos não é fazer classificações ou julgamentos, é dizer, quando necessário, o que estamos sentindo no que se refere a alguns aspectos daquela convivência. Não é dizer "você faz isso", ou pior, "você faz isso por causa daquilo". O certo é revelar: "Eu me sinto assim quando você faz isso porque penso que é por causa daquilo".

Falar o que sentimos, no que tange à nossa relação, diretamente com aqueles com quem nos relacionamos, é fundamental para que vivamos a unidade. Esta, por sua vez, é uma realidade que também urge existir entre nós. Todavia, para falarmos de nossos sentimentos em relação ao nosso relacionamento com determinada pessoa — no caso, diretamente para ela —, precisamos ter prudência e sabedoria, tomando cuidado com o jeito, o tom e a forma com que iremos falar. Sob esse aspecto, vale a pena fazer uso da doçura, elemento que veremos mais adiante.

O eficaz anúncio da Boa-Nova

Quando descobrimos a pessoa do amor, somos impelidos a anunciá-lo ao mundo. A isso chamamos de evangelização. Evangelizar é a missão da Igreja cristã e de todos os seus segmentos, pois a Boa-Nova da salvação existente no amor é para todos. A Igreja é um corpo do qual cada adepto faz parte e em que o Amor encarnado é a cabeça.

Por esse motivo, ser Igreja é ser missionário, o que significa estar a serviço da proclamação do amor que salva sempre. O evangelizar, porém, não se dá apenas por meio de palavras. As palavras são importantes para anunciar e ratificar o que evangelizamos com nossa vida. Santa Teresinha do Menino Jesus e madre Teresa, a santa de Calcutá, por exemplo, pouco falaram verbalmente e muito disseram ao mundo, cada uma de forma diferente, em ações evangelizadoras.

E quem nos envia é o próprio amor.

Na verdade, o *envio* é um *chamado* dentro do *chamado*. O *primeiro chamado* que o amor nos faz acontece quando nos atrai para conhecê-lo e deixar-nos amar por ele. Como o aprendizado no amor tem continuidade no amor ativo, para conhecermos mais profundamente o amor precisamos amar. Quanto mais amamos, mais conhecemos a pessoa do amor. Evangelizar faz parte desse aprendizado e da proposta de salvação do amor, que a todos chama para a ação evangelizadora.

Quando Cristo ressuscitado reencontra seus discípulos para o *envio*, os evangelhos relatam que se anuncia dizendo "a paz esteja convosco". A paz é um pressuposto para evangelizar, e o amor é o pressuposto da paz, porque a paz é um fruto do amor.[1] Somente poderá anunciar eficazmente a Boa-Nova da salvação humana quem viver o amor e colher dele a paz.

Nos quatro evangelhos, ainda que em Lucas seja de forma indireta e remetida a Atos dos Apóstolos, vê-se que os discípulos que encontram Cristo ressuscitado são enviados em missão.

A paz e o *envio* fazem parte do verdadeiro encontro com o amor.

---

[1] VANIER, Jean. *Comunidade, lugar do perdão e da festa*. Trad. Denise P. Lotito. 6. ed. rev. São Paulo: Paulinas, 2006. (Col. sede de Deus).

Nos dois primeiros evangelhos,[2] os redatores usam a palavra *ide*. Toda vez que estiver diante do amor, ele me dirá: "Ide". Ele me enviará para que o amor seja conhecido e todos se salvem da morte, das trevas e dos desencontros do desamor. No *envio* relatado por Mt 28,16-19, Jesus diz que o amor tem de ser ensinado a todas as nações. Em Mc 16,15, ele envia os apóstolos a anunciarem ao mundo e a toda criatura. Diz que o anúncio deve começar pelo local onde estavam, Jerusalém (cf. At 1,8). Em Jo 20,21, explica: "Como o Pai me enviou, também eu vos envio". E sopra sobre eles o Espírito Santo.

Em síntese: o amor tem de ser ensinado de maneira ampla (às nações e ao mundo) e pessoal (a toda criatura), a começar por onde se está. Esse processo faz parte de uma ação em cadeia iniciada pelo Pai, que nos dá Jesus, que nos envia, dando seu Espírito, o Espírito do amor. Pois, assim como o Pai o enviou, ele, o Verbo encarnado, também nos envia.

O silêncio necessário, harmonioso e ativo

O silêncio é um dos mais importantes meios de comunicação, desde que ele seja realizado com amor, no amor e por amor. O verdadeiro silêncio é um silêncio amoroso. Por ser assim é positivo, ativo e harmonioso. Isso não quer dizer que não seja em algum momento questionador, contestador e até revolucionário. Sua harmonia diz respeito à sua coerência amorosa. Ele é harmônico no sentido de ser coerente com o amor.

O silêncio amoroso sempre é ativo, pois não se trata de uma omissão. Ele é pura ação. Quando se fala em *não-violência*, por exemplo, o *silêncio-ação* é peça importante. Nesse

---
[2] Marcos e Mateus.

caso, especialmente, a firmeza e a postura são elementos de grande relevância.

Ele é positivo, pois, sendo todo amor, sua base é a fé e a esperança. Ele não é desistência, é perseverança.

Em qualquer situação, basicamente, o silêncio amoroso é uma ação eficaz. Apesar disso, em muitos casos ele e sua eficácia passam despercebidos. Esse é um desafio especial para os que precisam da confirmação de suas ações. No silêncio amoroso, nem sempre seremos reconhecidos ou agradecidos, e isso deve ser levado em conta por aqueles que o adotam. Nossa humanidade, geralmente, espera reconhecimento. É como se precisássemos que nossa existência fosse periodicamente confirmada. No silêncio, entretanto, às vezes somos esquecidos.

Comum, também, é confundi-lo com fraqueza ou omissão. Aí, mais do que passarmos despercebidos, temos de estar dispostos a ser mal interpretados e caluniados. Todavia, não apenas no silêncio, mas em muitas situações mais, o ser amoroso tem de reafirmar a si mesmo o porquê de suas ações, para resistir à incompreensão alheia e ser coerente até o fim.

Essa forma de ação pela via do silêncio calcado no amor é *pedra-mestra* na construção da fraternidade cristã. Ele é, por exemplo, parte integrante do *recuo* que precisamos dar antes de avançarmos na aproximação com o outro. Falo da busca da *visão horizontal ampliada,* que é de proximidade, mas que nasce num primeiro *passo,* justamente de afastamento. Para ver com maior amplitude a situação de meu irmão e de mim mesmo, preciso *dar um passo para trás,* de respeito. Esse *passo* de respeito é um *passo silencioso.*

Esse mesmo *passo silencioso,* de respeito e amplitude, devo dar especialmente diante da dor do outro, de sua desgraça, de suas perdas. É um *passo* de iniciação à compaixão, que também nasce de um suave afastamento e se reverte em aproximação.

Por outro lado, o mesmo *recuo silencioso* de respeito devo dar quando sou eu que sofro dores, desgraças e perdas. Diante de meus acusadores, antes de qualquer ação, devo-lhes meu *recuo silencioso*. É neste *recuo* que me abro à ação do Espírito Santo e ele me capacita a saber o que fazer, como e quando.

Jesus, diante de seus inquisidores, por muitas vezes, calou-se. Calou-se naquilo que não era fundamental, naquilo a que não deveria dar uma resposta e para aquilo a que o silêncio era a melhor resposta. Todavia, não deixou de dizer o mais importante, mesmo que o mais importante tenha sido bem o argumento que seus algozes buscavam para sua condenação. Quando lhe perguntaram, procurando fundamentar uma blasfêmia, se ele era o Filho de Deus, poderia ter-se calado. Mas esse não seria o silêncio do amor. Seria o silêncio do medo. E no amor não há medo.

O silêncio amoroso não se cala por temor medroso, nem por conveniência. Sua ação sempre é benéfica e ancorada na coragem. Ele é força, não fraqueza.

Resisti muitos e muitos anos a aprender a arte do silêncio amoroso, pois o entendia como fraqueza. Além disso, o peso da argumentação não me deixava calada, fosse na verbalização, fosse na ação. Tudo merecia uma resposta.

Por isso custei muito a adotar no amor o silêncio, por tê-lo entendido da pior forma possível.

Meu encontro fecundo com o silêncio ocorreu quando aprendi que somente no amor todas as coisas podem ser aproveitadas para o bem, que o amor é luz e fora dele só há trevas. Que o silêncio pelo silêncio, pelo comodismo, pelo interesse, ou pelo medo, ou por qualquer outro argumento, não constrói, e que somente constrói o silêncio amoroso.

Um dos perigos do silêncio, mesmo o amoroso, é de nos perdermos nele. E podemos perder-nos em vários sentidos a partir do momento em que permanecemos no silêncio, mas não no amor. Muitas vezes entramos no silêncio pelo amor, mas, com o passar do tempo, podemos permanecer no silêncio, não no amor. No silêncio, como na verbalização, podemos perder-nos do tempo do amor. Orar e vigiar (cf. Lc 21,36) é a única solução. Para permanecermos no amor, sempre devemos estar em oração e vigília amorosa. Muitos se acostumam a silenciar e acabam adentrando nessa via ou permanecendo nela mais por hábito do que por utilidade. Entretanto, no amor vemos a utilidade de cada ação. Se ficamos no silêncio sem amor, não somos mais fecundos. A ação amorosa, mesmo a silenciosa, sempre promoverá a vida. Esse é o sinal de sua vitalidade. Se estamos no silêncio, mas não estamos mais no amor, podemos cair em melancolia ou promover ações agressivas.

O silêncio sem amor leva a muitas mortes. Quando calamos a voz da coragem, da fé e da esperança, entramos no ciclo da morte e vamo-nos afastando do Criador. Como afirma o *Catecismo da Igreja Católica*:[3] "Sem o criador, a criatura se esvai". Esse esvair-se acontece em muitas dimensões e de diversas formas.

Por detalhes como esses, promover o silêncio requer muito cuidado. Para alguns, a via da depressão é um risco do silenciar; para outros, a dificuldade em comunicar-se leva a um silêncio que se esconde em uma falsa modéstia ou falsa mansidão; e há aqueles que se calam por interesses escusos, comodismo, descaso ou covardia. O enfrentamento é condição no amor. Nele não se cala por motivações negativas, como a covardia, por exemplo, cala-se por sabedoria. Se essa sabedoria for mal vivenciada, teremos problemas de discernimento.

---

[3] *CATECISMO DA IGREJA CATÓLICA*. Capítulo I, n. 49, item IV, p. 27.

A aceitação e o mover do amor

Senti-me inundada de tão grandes consolações,
que as considero uma das maiores graças de minha vida.

Infelizmente, quando me recordo do tempo de meu
noviciado, como vejo a que ponto era imperfeita!...
Irritava-me com coisas tão minúsculas,
das quais agora dou risadas.

Desde que aceitamos, logo lhe sentimos a doçura...

Santa Teresinha do Menino Jesus

Umas das condições para amar é aceitar a vida e as pessoas como elas são, como forma de acolhimento e comprometimento.

Quem não aceita a vida como ela é e como ela vai-se fazendo, será incapaz de abraçá-la para transformá-la. Não falo em conformismo. Longe disso. Também não defendo o inconformismo. Ambos são danosos à alma humana. É preciso, sim, acolher a vida como ela foi, é e vai-se fazendo, visando restaurá-la naquilo que é possível redimensionar e perdoá-la naquilo que é imutável (seja momentânea, seja definitivamente).

Por exemplo: caso alguém descubra ser vítima de uma doença grave, assim confirmada pela medicina, será necessário, primeiramente, acolher sua realidade, tal qual ela se apresenta, para lutar a favor da vida com todas as forças. Negar sua condição, ou indignar-se com seu destino, de nada vai adiantar. Feito esse primeiro movimento de aceitação, aí sim cabe recorrer amorosamente ao resgate necessário, procurando todas as formas de tratamento oferecidas pela ciência, além de, a qualquer momento, poder suplicar ao Pai, com fé e autoridade de filho, a cura, em nome de Jesus, confiante em que *para Deus nada é impossível* (Lc 1,37).

Aceitar a vida significa, então, acolhê-la. E acolher a vida significa abraçá-la em toda a sua extensão, em todas as suas fases, com todas as suas surpresas e reveses.

Além das situações mutáveis, que abraçamos para transformar, há coisas na vida que são intrínsecas ao seu contexto, que, com ou sem possibilidade de alteração, necessitarão de um longo tempo de aceitação.

Por outro lado, freqüentemente, tendemos a querer abraçar apenas o aspecto agradável de cada natureza e situação. Mas o ser amoroso sabe que o *todo* se faz incluindo todos os lados. É o mesmo caso de alguém que quer muito ter um cachorro, mas não está disposto a enfrentar suas fezes, sua urina, seu hálito, suas brincadeiras e latir espontâneos e sua natureza canina. Ou que queira a colméia sem as abelhas, ou as rosas sem os espinhos.

Porque muitas vezes caímos nessa lógica, empenhamo-nos em esconder nossas misérias, sujeiras, defeitos, falhas e excessos. E os escondemos até de Deus e de nós mesmos, por imaginar que como nós Deus quer apenas o que temos de bom. Que engano... O amor de Deus nos quer por inteiro. Ele é o Senhor do acolhimento, que, abraçando-nos como fez ao filho pródigo, nos restaura em seu amor.

Assim, também nós devemos abraçar nosso irmão e a nós mesmos. Abraçar nosso *todo* e o *todo* da vida.

Um basta ao perfeccionismo

Um forte inimigo da aceitação é o perfeccionismo. Nessa ordem, ele também é inimigo do amor. Sendo assim, é inimigo da salvação humana e da plenitude da vida. Teoricamente, parece fácil execrá-lo, mas na prática surgem as dificuldades em combatê-lo e vencê-lo.

Quando a busca pela perfeição torna-se uma obsessão, temos o perfeccionismo. Sabemos que existem motivações positivas propulsoras da análise apurada, bem como do intento de obter-se uma execução completa, ou seja, a busca pelo primor, pelo esmero e pelo capricho. Todavia, o perfeccionismo não é uma dessas motivações benéficas.

Na verdade, ele é um *joio* que se confunde com muitos *trigos*, como o da responsabilidade, do zelo, da justiça, do interesse no aprimoramento, entre outros. Além de seu caráter *camaleão*, ele é deturpador de algumas naturezas, como a do idealista, por exemplo.

A liberdade que a misericórdia me concedeu, após anos de escravidão perfeccionista, levou-me definitivamente às *portas do céu*, e aquele *inferno* de ilusões inumanas agora é *esterco* dessa *nova plantação*. Delas Deus também se aproveitou para que, hoje, eu possa *plantar, plantando* amor para *colher* liberdade, a liberdade dos filhos de Deus.

Enquanto aquela condição anterior é *adubo* para *meu jardim*, minhas quedas dão-me a capacidade de falar com propriedade de nossas dificuldades em abandonar o perfeccionismo.

Apesar de todo o meu conhecimento de Deus, trazia, em meu inconsciente, um pacto velado e selado com o perfeccionismo, calcado em legítimas propostas idealistas programadas desde minha tenra idade, e que me impediam de ser misericordiosa comigo e com a vida.

Foi o amor-misericórdia que Deus nos oferece diariamente que me curou e me convidou a vivê-lo e propagá-lo em atos e palavras.

Na verdade, o perfeccionismo passa a ser um traço de imaturidade humana e espiritual, por retratar uma profunda dificuldade em viver na misericórdia.

Assim, o perfeccionismo, além de ser um *joio* com ares de *trigo*, é um *carrapato* em nossa personalidade, apoiando-se em nossas inseguranças. Estas dão a ele *poder* e *glória*.

Ademais, o perfeccionista se atém mais à forma do que à essência. Como seres humanos, nosso verdadeiro chamado à perfeição — o *sede perfeito* (cf. Mt 5,48) — refere-se à essência, à misericórdia. Somos chamados a pelejar para que nossa alma se torne perfeita em misericórdia (como está claro em Lc 6,36: "Sede misericordiosos como vosso Pai é misericordioso"). Na totalidade, essência e forma, somente Deus é plenamente perfeito. Ele age de forma precisa e perfeita, movido por uma essência perfeita. Isso porque ele é Deus e, sendo-o, é onipotente, onisciente e onipresente. Em outra instância, as máquinas, desprovidas de alma, foram criadas pelos homens para agir com precisão e produzir objetos relativamente perfeitos quanto à forma, pois a essência delas é uma programação humana. Quando uma máquina não está produzindo em série objetos em formato perfeito, ela deve ser consertada ou trocada.

Deus levou-me a compreender que o perfeccionismo lança o homem em dois extremos: o de *divindade* e o de *máquina*. Se, por um lado, em relação à condição humana, o perfeccionista é presunçoso, ao idolatrar, por outro, é depreciador da mesma, ao reduzi-la à condição de coisa.

O pior de tudo é que, de uma maneira geral, nossa sociedade propaga o perfeccionismo e enaltece o perfeccionista. Não foram poucas as vezes em que ouvi ou li depoimentos de profissionais de destaque, das mais variadas áreas do saber e do entretenimento, que, na caracterização de suas virtudes, se denominaram perfeccionistas.

A idéia que todos eles me passavam (e também a que eu tinha) era a do perfeccionismo como uma ferramenta de aperfeiçoamento. Entretanto, estudos pedagógicos comprovam que, no aprendizado, as motivações negativas surtem menos efeito do que as motivações positivas. O perfeccionismo é uma motivação negativa. Outras ferramentas, como o interesse em crescer e o amor àquilo que se faz, por exemplo, surtem efeitos muito maiores na busca do aperfeiçoamento, por caminho mais saudável.

Não apenas no meio profissional, mas em qualquer área, o perfeccionismo é erroneamente aventado como uma ferramenta de aperfeiçoamento, até mesmo na perspectiva religiosa.

Conheço pessoas que se deixaram corroer pelo *carrapato* do perfeccionismo e vivem com ele uma relação tão simbiótica que sentem dificuldade em diferenciar-se dele para poder arrancá-lo de si.

Minha certeza é de que, mesmo nesses casos crônicos e graves, Jesus cura.

Intolerância e indignação

A tolerância não me parece ser algo naturalmente adquirido. Não para a maioria das pessoas. Algumas, é claro, nascem com uma dose especial dessa virtude ou a aprendem desde a tenra idade no seio familiar. Por isso, são naturalmente mais tolerantes do que a maioria. Mas, ordinariamente, a tolerância está associada a outros dons e virtudes, como a *piedade da pertença cristã*. Quanto mais piedosos somos, mais tolerantes nos tornamos.

Pela via comum, no entanto, a tolerância é fruto de muito esforço e obstinação. Para os cristãos, parte de uma decisão pessoal e racional diante do evangelho de Jesus Cristo e dos ensinamentos complementares trazidos pelos apóstolos.

Tolerar é a decisão de aceitar a espécie humana em suas limitações. Limitações que nos incomodam, prejudicam, irritam e muito mais. Não se tem tolerância porque nosso próximo faltoso é merecedor, mas porque somos adeptos da tolerância fraterna. Tolero, então, meu irmão porque decidi adotar a tolerância como uma postura natural, não por mérito meu ou alheio. O tolerante é, assim, não propriamente um *ungido*, mas um *decidido*. Mais do que *decidido*, tem de ser um *obstinado*, porque tolerar, como sabemos, não é tarefa fácil.

A pessoa amorosa sabe que, se não tolerar, não amará, e vice-versa: quanto mais tolera, mais ama; quanto mais ama, mais tolera.

Para tanto é necessário redimensionarmos a *medida* que damos a nosso irmão. Nossa *medida*, muitas vezes, é *rasa e estreita*, poucos *cabem*, e poucas coisas não nos incomodam.

A intolerância é *comadre* da indignação, e ambas andam juntas. O intolerante, normalmente, é um indignado. Um dos sintomas da indignação é um *ferver* do sangue que irracionaliza o indignado e o leva, às vezes, a cometer loucuras. Todavia, a indignação é mais fácil de justificar do que a intolerância, porque a indignação se apóia na justiça. O indignado tem como *combustão* a injustiça, e ela, realmente, é difícil de ser enfrentada. Mas, por outro lado, flexibilizar ou repensar nossas indignações não significa apoiar a injustiça ou ser omisso diante dela. Nossa indignação é indiscutivelmente justa em alguns casos, mas mesmo nessas situações deve estar sob nosso controle, não o contrário.

Para avaliar com menos *inflamação* nossas indignações e poder repensar alguns de nossos sobressaltos, vale saber que nossa dita justiça muitas e muitas vezes é parcial e injusta. Nossos argumentos podem até ser corretos, mas o que muitas vezes está por trás de nossas indignações não é apenas o mérito da questão, mas nosso orgulho ferido e nossos desejos não satisfeitos.

Ademais, que é que, realmente, é justo? E de que tipo de justiça estamos falando? A *justiça* de cada um, a do mundo, ou a justiça do Reino de Deus? Sabendo que a justiça do Pai é pura misericórdia, vemos que o que para nós é questão de *justiça* muitas vezes tem na base nossos interesses ou os valores terrenos, e pouco do que seja a justiça divina.

Para quebrar e redimensionar nossas indignações, temos de quebrar e redimensionar nosso senso de *justiça,* ou pelo menos tomar consciência de suas fragilidades e incoerências. Isso acontece por graça e também por empenho.

No entanto, observamos, ainda, que, mesmo sendo, muitas vezes, nossa indignação justa, sua *efervescência* ocorre não pela real gravidade dos fatos, mas pela ênfase que colocamos neles. Damos tanto destaque subjetivo a determinados acontecimentos e erros alheios, ou mesmos pessoais, que nossa análise dos mesmos chega a ultrapassar a gravidade real e conjuntural. Dentro de um conjunto de situações, um determinado ato ou omissão pode ser apenas uma *pequena gota*, e dela, muitas vezes, fazem os indignados uma *tempestade*.

Tendo Jesus como nosso modelo de postura amorosa, cabe lembrarmo-nos de suas palavras: "No mundo tereis aflições. Mas tende coragem! Eu venci o mundo" (Jo 16,33).

O ritmo do amor

Logo, posto que o amor da caridade é universal,
a beneficência deve igualmente se estender a todos,
mas levando-se em conta o lugar e o tempo,
pois todos os atos das virtudes
devem limitar-se às devidas circunstâncias.

... a caridade que "foi derramada em nossos corações
pelo Espírito Santo" nos torna livres,
pois "onde está o Espírito do Senhor, aí está a liberdade"...

Santo Tomás de Aquino*

Oh! quão suave é o caminho do amor!...
Quanto não desejo aplicar-me em fazer sempre,
com o maior abandono, a vontade do Bom Deus!...

Santa Teresinha do Menino Jesus

Para entendermos o mover do amor, precisamos penetrar em seu ritmo, que provém de uma melodia repleta de afetividade e comprometimento. Pautado na verdade, esse ritmo não é estanque e limitador, mas ajustável e libertador, pois objetiva a promoção da vida.

Sendo o ritmo um conjunto de variações harmônicas no tempo, no ritmo do amor encontramos o tempo amoroso e sua sabedoria. Achamos, também, o equilíbrio da homeostase,[1] bem como a envergadura necessária para seguir a verdade e a afabilidade confirmadora do anúncio da Boa-Nova cristã.

O tempo do amor

O amor tem um tempo próprio. Creio que todos, cedo ou tarde, precisarão renascer (cf. Jo 3,3-5) nesta área para poder amar mais e melhor.

O tempo do amor é relativo à sua essência: a essência amorosa. Como o amor se dá a cada um de acordo com a necessidade presente, torna-se difícil quantificá-lo diante da impossibilidade de definir um ritmo único para todas as situações. O tempo no amor acompanha a conjuntura existente. Para cada caso há uma necessidade, e o amor a ela se adéqua.

Se não podemos quantificar o amor e estabelecer-lhe um ritmo uniforme, como perceber seu tempo? Se ele não pode ser formatado, para ser qualificado de rápido ou lento, por exemplo, como pode ser dimensionado? Sem poder dar-lhe uma medida, resta-nos estabelecer alguns elementos.

---

[1] Propriedade auto-reguladora de um sistema ou organismo, responsável por manter o equilíbrio interno deste.

Meu ritmo, originalmente ativo e tarefeiro, precisou ser modelado como barro nas mãos do oleiro. Afinal, nem sempre o amor é ligeiro e veloz. Afoita, muitas vezes eu atropelei o amor com minha velocidade.

Não temo afirmar que o amor tem senso real de urgência e prioridade, e que, justamente por isso, não *caminha* com pressa. Basta lembrar novamente a parábola do bom samaritano, já analisada. Dentre os motivos que tiveram o sacerdote e o levita para não parar e socorrer aquele homem poderia estar a pressa.

Quando vivemos com pressa, não temos tempo para perceber o que de urgente e prioritário passa por nós ou deixamos para trás. Por não *caminhar* com pressa, o amor percebe o que é urgente e prioritário e age com precisão. Quando focaliza, ele pode agir de forma rápida ou vagarosa, dependendo do grau de urgência e maturação, mas sempre agirá sem pressa.

Pressa e rapidez parecem estar interligadas e realmente se parecem. No entanto, pressa é um anseio, um sentimento. Rapidez é uma forma de execução. Normalmente, pensa-se que age rápido quem está com pressa. Entretanto, periodicamente encontramos pessoas que, por causa da pressa, do estresse que ela produz, ficam perturbadas e não conseguem agir de forma precisa e rápida.

Dizer que o amor e sua ação eficaz não se baseiam na pressa, mas, dependendo da necessidade, atuarão rápida ou vagarosamente, significa dizer que o coração da pessoa amorosa não anda com pressa, pois seu emocional está sempre no tempo presente. Ela caminha neste *hoje* eterno com segurança e confiança. Pode curtir cada parte do caminho, ainda que esteja indo a um lugar muito importante e o tempo seja breve. Ela é prudente, não pára por qualquer coisa. É responsável, sabe onde está indo, sabe de seus objetivos, sabe daqueles que dependem dela e que a esperam. Tem metas, tem prazos. Mesmo assim anda sem pressa, aberta a repensar suas metas e prazos, caso circunstâncias mais urgentes e prioritárias apareçam.

Para exemplificar, vamo-nos transportar para um lugar em que geralmente encontramos situações de extrema urgência: a emergência de um grande hospital. O ser amoroso (seja médico, seja enfermeiro, seja auxiliar de enfermagem) tem de estar aberto e seguro. Aberto para perceber o que tem para fazer e o que vai surgindo a cada tempo. Seguro para agir com clareza e eficácia. Estar aberto e seguro faz parte do não ter pressa, pois esta nos fecha e nos desestabiliza. Os que estão em suas mãos e os que o aguardam pelos corredores esperam que ele aja com rapidez, mas não com pressa, pois anseiam que seus procedimentos sejam mais do que eficientes, sejam eficazes.

A eficiência refere-se a fazer o que tem de ser feito. É produzir um efeito. Ela é parceira da pressa. A eficácia, por sua vez, diz respeito a fazer o que tem de ser feito da maneira correta, produzindo o efeito, o resultado necessário.

Com isso conclui-se que, mesmo em situações de emergência, em que a pressa parece ser quase inevitável, esta pode ser eficiente, mas não necessariamente eficaz. Quem age em uma situação de urgência deverá saber ser rápido, mas sem pressa, para poder ser eficaz. Mesmo nessa situação extrema terá de manter o equilíbrio e a abertura necessários para perceber situações mais urgentes que surjam, bem como os momentos em que o necessário é agir de forma vagarosa, não apressada, apesar da gravidade do caso.

Exemplifiquei o caso extremo de uma emergência de hospital porque, com o ritmo de vida que nesses tempos pós-modernos adotamos, parece que vivemos imersos em uma. Do nascer ao pôr-do-sol corremos desesperadamente como se salvássemos vidas em uma emergência. Às vezes, só estamos indo à padaria comprar um simples pão ou à banca de revista comprar um jornal, mas estamos quase sempre assustados e apressados. E mesmo que essas coisas corriqueiras que fazemos em nossa casa, no trânsito, no trabalho, na igreja, em qualquer lugar, sejam urgentes, ainda assim, e principalmente nesses casos, a pressa será inimiga.

O ser amoroso não é apressado, mas também não é passivo e alienado. Ele é ativo e consciente de suas responsabilidades. Ele não "empurra as coisas com a barriga", no conhecido "deixa como está para ver como é que fica". Nem deixa para depois de amanhã o que deveria ter sido feito ontem. Não é nesse sentido que ele não tem pressa. Lembrando o que já foi afirmado aqui, o ser amoroso não anda com pressa, mas tem senso de urgência e prioridade; age com rapidez ou vagarosamente, dependendo da necessidade imposta, mas, sobretudo, faz o que precisa ser feito com eficácia.

Quanto à urgência, creio que o exemplo da emergência de um hospital é bastante esclarecedor. Já no que diz respeito à rotina diária, o ser amoroso sabe mais do que ninguém priorizar, bem como agir dentro de suas prioridades. Essa visão de nossas prioridades somente será plena dentro do amor. Ele é mestre na priorização, ensinando-nos que sem priorizar não conseguiremos amar.

O amor se opõe ao estresse

Primeiramente, cabe lembrar que estresse é o conjunto de reações do organismo a agressões de ordem física, psíquica, infecciosa, e outras, capazes de perturbar a homeostase.

Quando o organismo reage a uma agressão de ordem psíquica, dizemos que temos o estresse de ordem psicológica.

Pelo conhecimento da espiritualidade, sabemos que especialmente o estresse psicológico prejudica a vivência do amor e, conseqüentemente, acarreta a perda dos frutos deste último, como a paz, a sabedoria e a criatividade. Por outro lado, a prática do amor tem a capacidade de opor-se ao desequilíbrio gerado pelas agressões desencadeadoras de todos os tipos de estresse.

Para que se tenha uma idéia dessa ação contrária do amor ao estresse de ordem psicológica, por exemplo, lembramos que são Paulo, em sua Primeira Carta aos Coríntios, diz que o amor é "paciente" (13,4a), "não se encoleriza, não leva em conta o mal sofrido" (13,5b). São João, por sua vez, em sua Primeira Epístola, afirma que "no amor não há temor" (4,18).

Destacando esses quatro elementos opostos ao amor — impaciência, irritação, raiva e temor —, vemos que eles são justamente alguns dos componentes propulsores e/ou agravantes do que chamamos de estresse de ordem psicológica, que é, como já vimos, o conjunto de reações do organismo a agressões de ordem psíquica, também capazes de perturbar a homeostase. Esses elementos de *estresse*, muitas vezes, são desencadeados pelas exigências do meio em que vivemos ou por temores imaginários diante dos desafios da vida.

Na verdade, podemos dizer que esses quatro elementos que destacamos se dividem em três blocos: da pressa, da indignação e do medo. Assim, temos: a impaciência, que tem em sua origem a pressa; a irritação e a ira, que têm como base a indignação, ou seja, a não-aceitação em grau elevado; e o temor, que pode ter como princípio o respeito ou o medo. João, quando diz que no amor não há temor, está falando exatamente do temor que tem como base o medo e que muitas vezes advém de uma ameaça imaginária ou de um receio muito maior ao exigido pelo perigo real. Como poetiza Luís de Camões: "Nos perigos grandes o temor é maior muitas vezes que o perigo".[2]

---

[2] *Os Lusíadas*. Canto IV, estrofe 29.

Se, por um lado, podemos admitir que o estresse desencadeado por agressões físicas e infecciosas, até certo ponto, retrata uma ação de defesa positiva, na vivência do amor não vemos essa mesma possibilidade benéfica no que diz respeito ao estresse de ordem psíquica. E sabemos que a junção deste aos estresses de ordem física e infecciosa, por exemplo, não colabora para o restabelecimento da homeostase.

Assim, se afirmamos que no amor não há impaciência, irritação, rancor e temor, estamos dizendo que o amor se opõe a elementos que são desencadeantes do estresse de ordem psicológica e agravantes das demais formas de estresse (tais como a pressa, a indignação e o medo). Em síntese: estamos afirmando que o amor combate o estresse — eis que o estresse se contrapõe ao amor.

É importante lembrar que o agitar-se, sentir medo ou ira são reações naturais diante de uma ameaça. Todavia, a combustão e o crescimento dessas reações, ao bloquearem o amor, não apenas geram a perda da paz, da sabedoria e da criatividade, mas também fazem adoecer a pessoa sofredora (física, psíquica e espiritualmente), pois a desequilibra no que ela traz de mais sagrado: sua alma.

Vamos entender melhor as assertivas aqui lançadas se analisarmos a fisiologia do estresse.

Quando nosso cérebro interpreta alguma situação como ameaçadora, todo o nosso organismo passa a desenvolver uma série de alterações, ao que chamamos de *estresse*. Na primeira etapa dessa situação, inicia-se um comportamento de alarme, em que todas as respostas corporais entram em estado de prontidão, quando todo o organismo é mobilizado sem envolvimento específico ou exclusivo de algum órgão em particular. É um estado de alerta geral, tal como acontece quando levamos um susto.

A esse período há quem chame de *bom estresse*, tanto por ser este fruto de uma autodefesa do organismo a uma ameaça quanto por ocorrer nesta fase uma potencialização dos sistemas nervoso e endógeno, inclusive com o aumento da produção de diversos hormônios.

Manifestando-se o desencadeamento do estresse por um período mais longo, sobrevém uma segunda fase, com o acúmulo dessa tensão. É o momento em que o corpo começa a acostumar-se aos estímulos causadores do estresse, quando o organismo busca adaptar suas reações e seu metabolismo a fim de suportar o estresse por um maior período de tempo. É quando a reação do estresse pode ser canalizada para um órgão específico ou para um determinado sistema, seja o sistema cardíaco, por exemplo, seja para a pele, para o sistema muscular, para o aparelho digestivo etc.

Caso o estresse se intensifique e perdure, o corpo todo pode entrar na terceira fase, em que há o esgotamento do organismo, com a queda acentuada de nossa capacidade adaptativa.

Estudos recentes afirmam que o estresse prolongado favorece o surgimento de inflamações, diabetes, doenças cardiovasculares, ansiedade, depressão, impotência e até câncer. Estudos mais polêmicos ainda revelam que o estresse possibilita processos inflamatórios que culminam com a morte de células nervosas em duas regiões específicas do cérebro: o hipocampo, associado à formação da memória, e o córtex frontal, responsável pelo raciocínio complexo.

Olhando essa fisiologia, visualizamos os perigos a que estamos expostos na ocorrência do estresse. Lembrando, ainda, que, como já dissemos, na etapa inicial do estresse proveniente de agressões físicas e infecciosas, a associação do estresse psicológico não é benéfica. De qualquer modo, o importante é saber que em todas as formas de estresse o poder curativo do amor tende a conduzir o organismo para o equilíbrio, evitando que haja um acúmulo de autodefesa e que venhamos a cair num esgotamento geral.

Em outro sentido, poder-se-ia concluir que não assumir responsabilidades e novos desafios diminui a propensão ao estresse psicológico. Contudo, essa não é a tônica do cristianismo, pois o ser amoroso é um ser comprometido, a ponto de dar sua vida pela verdade. Poupar-se não é solução amorosa. Em qualquer circunstância, para a vivência do amor, faz-se necessário que o próprio amor seja o caminho.

Por vezes, estou diante de situações desafiadoras e, quando vejo, cedi ao estresse oriundo de agressões psicológicas e deixei-me levar por ele. Nem sempre consigo bloqueá-lo em sua fase inicial, mas, caindo em mim, tento voltar ao amor. Confesso que consertar os estragos internos e externos advindos do fluxo do estresse tem sido mais trabalhoso e desgastante do que quando consigo bloqueá-lo pelo caminho do amor.

Diante de uma situação estressante, às vezes me pergunto: "Isto é uma questão de vida ou morte?". Caso não seja uma vida que está em jogo, respondo para mim mesma: "Então, isto não é tão importante". Parece simplório, mas esse é o princípio do amor: a vida (física e espiritual) é mais importante do que as demais coisas. Nessa perspectiva, a vida espiritual ainda é mais relevante, porque se opõe à morte definitiva, enquanto na morte física temos apenas a morte parcial, da matéria. Se a vida é o importante, somente diante do risco de seu perecimento encontramos motivos que justifiquem darmos espaço à agressão que o estresse opera em nosso organismo e aos conseqüentes estragos que ele provoca no meio relacional. E mesmo quando a vida (a existência de algo ou de alguém) está em risco, a pressa, a ira e o medo não colaboram para sua conservação, mas atrapalham a ação amorosa.

Ademais, uma pessoa estressada gera violência. Como sabemos, a violência se propaga em cadeia. Quando usamos a palavra violência, estamos falando das pequenas e das grandes ações. Um simples olhar, uma simples ação ou omissão e até uma simples palavra têm o poder de ferir profundamente a sensibilidade, a fé e a esperança de uma pessoa e de toda uma nação.

Estar convencida dessa verdade ainda não é suficiente. É necessário que meu desejo de amar chegue a tal ponto que tudo o mais seja secundário. Somente aí estarei convertida ao amor. Mesmo dentro dessa conversão amorosa a pressa, a indignação e o medo insistirão em reconquistar seu espaço.

Docilidade e doçura

Um dos maiores desafios do amor é tornar-nos dóceis e doces. Para tratar deste assunto, vamos, primeiramente, estabelecer uma divisão didática entre esses dois termos. Segundo o dicionário, *dócil* é aquela pessoa fácil de guiar, educar e ensinar. *Doce* é aquela pessoa suave, meiga, afável, delicada no trato e cortês.

Na perspectiva da espiritualidade, pode-se dizer que a docilidade é a consistência da massa e a doçura, seu sabor. Se tivesse de escolher uma dessas virtudes, escolheria a docilidade, pois ela está mais na essência, enquanto a doçura está mais na apresentação.

Normalmente, na língua portuguesa, somos tentados a confundir essas duas virtudes — doçura e docilidade — pela semelhança entre as palavras, embora basicamente diversos sejam seus sentidos. De qualquer sorte, diremos aqui que a docilidade é a consistência da massa, pois é a doçura da alma (esta entendida como a junção de mente e coração), praticada na fidelidade e na obediência. A doçura propriamente dita é a afabilidade na apresentação pessoal, praticada na esfera dos relacionamentos. O ser dócil é doce na essência. O ser doce é doce na forma de apresentar-se e relacionar-se com as pessoas.

Na docilidade, tem-se o mais importante para a salvação. Jesus em tudo foi fiel e obediente à vontade do Pai, até a morte, e morte de cruz (cf. Fl 2,8). Além disso, segundo Lucas, Jesus era obediente a seus pais terrenos (2,51). O ser dócil ao Espírito Santo é um ser que busca ser fiel e obediente a Deus. Tal docilidade se materializa no cumprimento do evangelho de Jesus Cristo e especialmente no seguimento aos que nos guiam (nossos líderes), educam (nossos pais biológicos ou adotivos e/ou espirituais) e ensinam (nossos professores) pelo caminho do bem. Mais do que isso, a docilidade deriva de um propósito sério de viver a coerência, custe o que custar, e de deixar-se guiar pelo coração do Pai.

Não é rebeldia, porém, resistir aos que ferem a Palavra de Deus. A docilidade segue a ordem do mandamento do amor, que coloca acima do amor ou da docilidade aos homens o amor e a docilidade a Deus e a seus mandamentos. Uma liderança, uma educação e um ensino que sejam contrários à Palavra de Deus não devem ser seguidos.

Contudo, liderança, educação e ensino autênticos e compatíveis com a Palavra de Deus existem para ser seguidos pelos dóceis, que, se não o são aos homens de bem, avalizados pela Palavra de Deus, na prática também não o serão a Deus. Como a obediência e a fidelidade estão no primeiro degrau do amor, sendo fundamento da gratidão, podemos aplicar, por analogia, as palavras de João (cf. 1Jo 4,20) para afirmar: se dizemos ser obedientes e fiéis a Deus, que não vemos, e não o somos aos homens, que vemos, somos mentirosos.

Na doçura, tem-se a apresentação da essência, pois ela é puramente relacional. Apesar de ser menos elementar do que a docilidade, não deve ser descartada. A apresentação não é essencial, mas é importante, especialmente para a harmonia nos relacionamentos. Deve-se salientar, contudo, que, quando a doçura não vem acompanhada da docilidade e não é calcada no amor, torna-se falsa e enganadora. Somente quando é sustentada pela consistência do amor obediente ela é verdadeira, pois apresenta uma verdade, não uma mentira.

A doçura propriamente dita ajuda na fluência do amor, visto facilitar a aceitação pessoal e os relacionamentos. A pessoa doce consegue transpor quase todos os obstáculos de resistência e chegar ao coração do irmão. A doçura é remédio para muitas crises e conflitos. Contudo, com vista à obediência ao Pai que está nos céus, à coerência e à autenticidade pessoal, ela deve ser auxiliada pela ação profética, coerente e autêntica, sendo que sua priorização não deve ser motivo de corrupção do ser amoroso, chamado a ser bondoso, não *bonzinho*; profético, coerente e autêntico, não covarde, hipócrita e fingido.

Creio que, por causa de minha formação fortemente ética e meu temperamento espontâneo, sempre me foi mais fácil viver a docilidade (calcada na integridade) do que a doçura (calcada na afabilidade). Na verdade, sempre compreendi que a docilidade é prioritária e fundamental para quem busca a santidade e venho perseguindo-a desde a tenra idade. Todavia, tenho sentido que a doçura também é bastante importante e tenho-me empenhado em colocá-la em prática. Meu temperamento, contudo, precisa ser mais trabalhado. De fato, por focar predominantemente a integridade, muitas vezes me esqueço da afabilidade. É uma luta constante para não negligenciá-la. Meu compromisso com a verdade, sua prática e profissão, mistura-se às limitações de meu temperamento e, quando vejo, na busca da justiça firo a docilidade.

Na *Abbá Pai*, temos como meta principal a docilidade, seguida da doçura. Dentro dessa preocupação com a vivência da doçura cristã, na esfera dos relacionamentos, adotamos, com muito custo, nos últimos tempos, a missão de sermos, em nossa vida privada, na Igreja e no mundo, agentes da não-violência relacional. A idéia é agir, mesmo que contrariamente ao que o outro deseja, com doçura. Não seria, aqui, uma atitude falsa ou fingida, mas autêntica, desde que calcada na Palavra de Deus, o que presume seguir a justiça, na dimensão da misericórdia, com coerência e com bondade.

Isso também deve acontecer nas relações dos filhos com os pais, especialmente quando a prole foi podada. O mesmo deve ocorrer nos relacionamentos entre os sexos opostos e, ainda, nas relações fraternas. Na verdade, em todo relacionamento a não-violência relacional propõe, primeiramente, a permanência da afetividade, ainda que diante da contrariedade.

Na convivência diária, muitas vezes somos vítimas de agressões verbais e, em alguns lares, até físicas. A não-violência não prega a omissão diante da injustiça, mas defende que se faça justiça não pagando com a mesma moeda.

Diante de uma agressão verbal, por exemplo, a idéia é responder às ofensas lançadas sem a mesma agressividade ou baixeza do agressor, ou não respondê-las de pronto, esperando a melhor hora de fazê-lo, com sabedoria e sem raiva. Na agressão física, a idéia é não aceitar a mesma, tomando as providências necessárias para que não volte a acontecer, o que inclui até denunciá-la às autoridades competentes, sem, contudo, usar da mesma agressividade manifestada pelo agressor.

A verdadeira *não-violência relacional* em hipótese nenhuma será conivente com a violência e os violentos. Ela se cala, de um lado, para agir com precisão, sabedoria e coerência de outro.

Amar, amar e amar

Amar é próprio da caridade, enquanto tal.

... quando se ama alguém, é manifesto que nele há um certo bem, pois somente o bem é amável.

Santo Tomás de Aquino*

... queria amar, amar a Jesus apaixonadamente, dar-lhe mil sinais de amor, enquanto ainda o pudesse...

Sabendo, porém, tirar proveito de todas as coisas, o amor consome muito rapidamente tudo que desagrada a Jesus, e deixa apenas uma paz humilde e profunda no fundo do coração...

Mas, quando Jesus estabeleceu para seus discípulos um novo mandamento, o seu mandamento... Jesus já não fala em amar o próximo como a si mesmo, mas em amá-lo como ele, Jesus, o amou, como o amará até a consumação dos séculos...

... sinto impossibilidade de formular em linguagem da terra os segredos do céu. Além do mais, depois de escrever páginas sobre páginas, teria a impressão de não ter ainda começado...

Santa Teresinha do Menino Jesus

Enfim, chegamos ao final de nossa *jornada nas águas* do entendimento do amor. Sabemos que acabamos de *percorrer* apenas um *pequeno riacho* desse infinito mistério, revelado para nós na pessoa do Verbo encarnado, Jesus. Há, porém, *águas bem mais profundas* a serem *percorridas*. São *nascentes, cachoeiras, rios, lagos e mares* imensos de amor. Em grande parte *estes* já foram encontrados por aqueles que nos precederam na fé, *outras vertentes* ainda esperam para ser conhecidas profundamente pelos santos hodiernos, outras, ainda, para ser descobertas somente na vivência pessoal e particular de cada filho do amor, além *daquelas* reservadas para ser-nos apresentadas apenas na eternidade.

Concluindo nosso *percurso*, quero presentear o leitor com a jaculatória do *Terço da Divina Providência Abbá Pai*, repetida cinqüenta vezes nas orações diárias de cada vocacionado de nossa *Comunidade*. Esse terço tem operado curas profundas em meu coração nestes sete anos de vida fraterna. Quantas vezes o iniciei com a alma maltratada pela amargura, pelo medo e pela tristeza e cheguei à última dezena sentindo-me envolta de misericórdia, coragem e alegria.

Este é o texto principal:

Providência Santíssima, providenciai-me:
Uma extraordinária capacidade de amar.
Amar, Amar e Amar.
Amar a Deus sobre todas as coisas, ao próximo cada vez mais e a mim mesmo(a) como filho(a) amado(a) do Pai.
A capacidade de ter fé e calma para viver da graça e da Providência e a todos perdoar.
A capacidade de ver na vida uma dádiva e, no irmão, sua beleza.

Neste ponto, torna-se interessante e propício tecer algumas considerações relativas ao *Terço*.

Quando pensamos na Providência Divina, normalmente lembramos as ações objetivas de Deus em nossas vidas. Ele realmente é providente. Entretanto, sua Providência também, e especialmente, se opera no plano afetivo e espiritual, providenciando transformações subjetivas e essenciais para a nossa salvação.

Quando pedimos uma extraordinária capacidade de amar, estamos pedindo o transbordamento do amor ordinário (humano), para atingirmos, assim, o experimento do amor extraordinário (divino) em nossa humanidade.

Depois, manifestamos implicitamente esse desejo de infinito, exprimindo esse anseio ao exclamar: amar, amar e amar. Tanto com relação às três direções apontadas no trecho seguinte da jaculatória — amar a Deus, ao próximo e a mim mesmo — como no que diz respeito aos três mandamentos do amor expressos por Jesus — amar a Deus sobre todas as coisas (cf. Ex 20,3-6; Dt 6,5; Lc 10,27), amar ao próximo como a mim mesmo (cf. Lv 19,18; Lc 10,27) e amarmos uns aos outros, como ele, Cristo, nos amou (cf. Jo 15,12).

Claro que, como temos visto, amar não é fácil, mas é possível. Essa possibilidade pode começar no pedir a capacidade de amar, com fé e calma para viver da graça e da Providência, como fazemos na segunda petição do *Terço*, pois para amar precisaremos sujeitar-nos ao tempo da graça e ao da Providência Divina, que não se pautam no nosso calendário, mas computam o tempo da natureza espiritual, imperceptível a nossos olhos humanos.

Na verdade, tudo o que gerenciamos é fruto da graça e da Providência, pois tudo é dom de Deus, a começar pela vida. Todavia, é preciso lançarmo-nos nas *correntezas* da graça e da Providência sem medo de deixar o amor guiar-nos.

Nessa segunda petição de nosso *Terço*, temos uma opção pela mudança de ritmo: deixar o ritmo do mundo e aderir ao ritmo do Reino de Deus, do amor.

Fé e calma também precisaremos para a todos perdoar, pois nosso perdão não garante a evolução de nossos irmãos perdoados e, talvez, o efeito de nossa misericórdia somente venha a ser visto e compreendido na eternidade. Por fim, pedimos a capacidade de ver, na vida, uma dádiva e, no irmão, sua beleza. No texto original, dizíamos: *ver na vida uma dádiva, não um fardo; ver no irmão sua beleza, não sua sujeira*.

O ser amoroso é realmente presenteado com a capacidade de perceber as dádivas e a beleza e, mesmo reconhecendo os fardos e as sujeiras da vida, não se fixa nem se atém a eles. Por isso, modificou-se esta parte da jaculatória, pois vemos, sim, o que é fardo e sujeira, mas focamos as dádivas e belezas.

Quando não amamos livremente, da gratidão à misericórdia, a vida passa a ser um fardo difícil de carregar. Em alguns momentos de meu passado, a vida passou a ser um fardo insustentável. Precisei chegar ao ponto de *querer comer a lavagem dos porcos* (nem isso consegui), para poder voltar à Casa do Amor, que chamamos *Abbá*. Foram dias terríveis, esquecidos no abraço gostoso do amor, que me viu chegar ao longe, encheu-me de beijos e me presenteou com uma festa permanente, a festa da misericórdia. Somente nesta festa percebemos as dádivas da vida e a vida como uma dádiva, na medida em que passamos a ver a beleza da criação, especialmente revelada, muitas vezes escondida, no ser humano.

Nem sempre é fácil ater-se à beleza. Essa beleza não é estética nem intelectual: é uma beleza de santidade que todos temos. Até o mais vil criminoso tem uma santidade escondida. Ver além das aparências (cf. Jo 7,24) somente o amor poderá fazê-lo em nós, para levar-nos, um dia, à beleza infinita, reservada àqueles que amam a Deus (cf. 1Cor 2,9).

Já sinto saudade das muitas madrugadas, *entre a lua e o sol*, e dos dias, *entre o sol e a lua*, que passei meditando e escrevendo este tributo ao amor. Sinto que poderia ter ido mais fundo e mais longe, mas é hora de concluir sem realmente concluir...

Este *pequeno riacho das águas do amor*, muito *raso* e *estreito*, tem *saciado minha sede* e alentado meu coração. Alegra-me saber que, se agora vemos por um espelho, confusamente, um dia veremos face a face; que, se hoje conhecemos em parte, um dia, tal como somos conhecidos pelo amor, conhecê-lo-emos totalmente (cf. 1Cor 13,12), sob a condição de permanecer no mandamento de amar, amar e amar.

Bibliografia

BENTO XVI. *Deus caritas est* [*Deus é amor*]. São Paulo: Paulinas, 2006. (Col. A voz do papa, n. 189.)

CAMÕES, Luís Vaz de. *Os Lusíadas*. São Paulo, Ateliê Editorial, 2000.

CATECISMO DA IGREJA CATÓLICA. 9. ed. São Paulo: Loyola-Vozes-Paulinas-Ave-Maria-Paulus, 1999.

JOÃO PAULO II. *Dives in Misericordia* [*A misericórdia divina*]. São Paulo: Paulinas, 1998. (Col. A voz do papa, n. 96.)

McKAY, Matthew; ROGERS, Peter D.; McKAY, Judith. *Quando a raiva dói: acalmando a tempestade interior.* São Paulo: Summus, 2001.

NOUWEN, Henri J. M. *A volta do filho pródigo:* a história de um retorno para casa. Trad. Sonia S. R. Orberg. São Paulo: Paulinas, 1997.

PEREIRA, Simone. *Descobrindo o caminho da espiritualidade.* São Paulo: Paulus, 1999.

SANTA TERESA DO MENINO JESUS. *História de uma alma:* manuscrito autobiográfico. Trad. Religiosas do Carmelo do Imaculado Coração de Maria e de Santa Teresinha. 14. ed. São Paulo: Paulus, 1986. [N.E.: TERESA DE LISIEUX. *História de uma alma.* Nova edição crítica por Conrad De Meester. São Paulo: Paulinas, 2008. (Col. Biblioteca Paulinas Espiritualidade.)]

SANTO TOMÁS DE AQUINO. *Suma teológica.* São Paulo: Loyola, 2004. (*) v. 5. II Seção da II Parte. Questões 1-56.

_____. *Suma teológica.* São Paulo: Loyola, 2005. (**) v. 6. II Seção da II Parte. Questões 57-122.

SMITH, Adam. *Teoria dos sentimentos morais.* São Paulo: Martins Fontes, 1999.

VANIER, Jean. *Comunidade, lugar do perdão e da festa.* Trad. Denise P. Lotito. 6. ed. rev. São Paulo: Paulinas, 2006. (Col. sede de Deus.)

Sumário

Um pequeno riacho 7

Por que escrever sobre o amor? 9

O que (ou quem) é o amor? 19

Os níveis de aprofundamento no amor 25

A gratidão 31

A piedade 45

A compaixão 65

A misericórdia 87

A postura amorosa 121

Uma nova visão 125

O que falar e o que silenciar 139

A aceitação e o mover do amor 151

O ritmo do amor 161

Amar, amar e amar 175

Bibliografia 181

Impresso na gráfica da
Pia Sociedade Filhas de São Paulo
Via Raposo Tavares, km 19,145
05577-300 - São Paulo, SP - Brasil - 2011